VISTAZOS

Lecturas
fáciles
1

VISTAZOS

Lecturas
fáciles
1

Teresa Carrera-Hanley
Jean-Paul Valette
Rebecca M. Valette

D. C. HEATH AND COMPANY
Lexington, Massachusetts / Toronto, Ontario
HEATH

Acknowledgments

The authors would like to express their appreciation to the following teachers who carefully reviewed the manuscript and offered many suggestions for improvement:

Luce Díaz, Bala-Cynwyd Middle School, Bala-Cynwyd, PA
Elina Saunders, Bellevue High School, Bellevue, WA
Shirley Townsend, Connelly School of the Holy Child, Potomac, MD

Project Editor: Janet Dracksdorf
Text Design: Ann Curtis
Cover Design: Ingrid Cooper
Production Coordinator: Barbara M. Kirk

On the cover: Monumento del Ángel de la Independencia, Paseo de la Reforma, México, D. F., México; page 1: Estudiantes en la Plaza de las Tres Culturas, México, D. F., México; page 55: Estudiantes en Teotihuacán, México.

D.C. Heath and Company
Lexington, Massachusetts/Toronto, Ontario

Printed in the United States of America.

ISBN 0-669-10290-3

16 17 18 19 20

Contenido

PRIMER NIVEL   Estructuras

El Sol de México

PERU
CORREOS
30

SEGUNDO NIVEL

To the Teacher

Vistazos 1 has been developed to help beginning Spanish students build their reading skills and expand their vocabulary base at an early stage of instruction. Because of its carefully planned progression, *Vistazos 1* can be started at the end of the first semester. It can also be used at the intermediate level to review basic structures and vocabulary and to build student confidence.

Organization of *Vistazos 1*

Vistazos 1 contains 20 lessons divided into two levels according to the structures used in the readings:

Primer Nivel: Cognates, exclamations, present tense of regular and irregular verbs, definite articles, demonstrative adjectives, object pronouns and common expressions.

Segundo Nivel: **ir a** + infinitive, present tense of irregular verbs, uses of infinitives, present progressive, the impersonal **se**, expressions with **hace**, preterite and commands.

Within each *Nivel,* the readings are sequenced in order of length and difficulty. The grammatical focus of each selection is indicated in the table of contents and at the beginning of the reading. It is assumed that students can recognize and understand the corresponding structures before reading a given selection.

Organization of Each Lesson

Each lesson is built around a reading selection. To maintain high student interest, these selections cover a wide variety of topics and formats: human interest stories, personality questionnaires and tests, biographical sketches, short historical narratives, etc.

In the *Segundo Nivel,* each selection is preceded by a short vocabulary section entitled "Preparación para la lectura." These sections contain a few important lexical items that will occur in the reading selection. These new words and expressions are presented in sentence context.

Most reading selections are followed by a comprehensive activity entitled "¿Comprendiste tú?" These activities also offer a wide variety of formats: true-false statements, multiple choice, crossword puzzles, and interpretation activities. The function of these activities is to encourage the students to read the passage more than once so as to increase their reading fluency.

Each lesson contains an "Aumenta tu vocabulario" section. These sections may focus on topical vocabulary, word families, or idiomatic expressions related to the general theme of the lesson. In the "Actividades" that follow, the students are encouraged to use the new vocabulary in new contexts. The answers to all of the activities are found at the end of the book.

Teaching with *Vistazos 1*

Building the reading skills

To develop good reading habits, the students should be encouraged to follow the suggestions contained in the *To the Student* section. Each selection should be read at least three times: a first time to obtain a general understanding of the topic, a second time with a closer look at the words and expressions that appear unfamiliar, and then a third time to make sure that the text has been well understood, at both the sentence and the paragraph level. Inasmuch as the purpose of *Vistazos 1* is to develop fluency in reading, translation should be discouraged. On the other hand, students should try to "guess" the meaning of new words (through inference from the context, cognate recognition, similarities with other Spanish or English words based on the same roots, etc.). Students should use the end vocabulary only to make sure that their guesses are correct.

The selections themselves may be either presented and read in class or assigned as outside homework. The teacher may wish to read parts of the selection aloud to give the class additional listening practice. The comprehension activities may be done individually, in small groups, or with the entire class.

Building the vocabulary base

The lexical items that the students should add to their vocabulary base are contained in the sections entitled "Preparación para la lectura" (beginning with lesson 11) and "Aumenta tu vocabulario." These items are either presented in sentence context or grouped in such a way (by themes, word families, or cognate groups) that they are easy to remember. Teachers may wish to supplement the vocabulary-building activities in the text with exercises of their own to make sure that the students understand and use the new lexical items correctly. These exercises may range from structured completion exercises (to test the students' comprehension) to open-ended activities and guided compositions (to check whether students can use the items properly).

To the Student

The best way to acquire fluency in a new language is through frequent contact with that language. The more you listen to a new language, the easier it becomes to understand conversations and to speak. And the more you read the new language, the greater your reading comprehension and your writing ability. For your reading practice to be most effective, it should be an enjoyable experience: the language should not be too difficult for you and the topics should be interesting. The 20 selections of *Vistazos 1* have been written to meet these objectives.

Reading and Understanding

There are several techniques you can use to improve your reading ability in Spanish. Here are a few suggestions:

1. Read the title of the selection. Some titles are straightforward and tell you exactly what the subject of the reading is: "Las cuevas de Altamira" or "El esquí: un deporte de invierno." Other titles may arouse your curiosity and raise questions that the selection should answer.

2. The next step is to read through the whole selection in order to get the general meaning. You may want to refer to the vocabulary glosses in the margin from time to time if there are key words that are unfamiliar to you. However, you should try to go through the entire reading without stopping too frequently, since your objective is to get a general overview of what the text is all about.

3. Once you have a general impression of what the authors are saying, you should go back and read the selection sentence by sentence. To understand a sentence, it is first important to identify the *subject* (who is acting) and the *verb* (what action is being done). In Spanish, as in English, the subject usually comes first and is followed by the verb. If you are not quite sure that you have found the subject of the sentence, you might look carefully at the ending of the verb. In Spanish, the verb ending will help you identify the subject because it agrees with the subject in number.

4. As you read more slowly, try to understand the meanings of unfamiliar words.

    a. You can recognize many words that have similar spellings and meanings in Spanish and English. Words such as **automóvil, restaurante, hotel,** and **hospital** are called *cognates.* But you should be careful because cognates are pronounced differently in the two languages and often have slightly different meanings. The English word "theater," for instance, refers to a place where a movie is shown or where a play is performed. In Spanish, the word **teatro** refers only to a place where plays are performed.

    b. In some cases a Spanish word may have an English cognate but may correspond to another more common noncognate words. For example, **comenzar** is related to the verb "to commence," but corresponds more closely to the verb "to begin." Similarly, **emplear** means "to employ," but the more common English equivalent is "to use." In such cases, the English cognate may remind you of the meaning of the Spanish word.

    c. You should also be aware of *false cognates*. These are words that look alike in both languages but have different meanings. For example, **una lectura** is a "reading" (and not a "lecture"). If you encounter a cognate that does not seem to fit the general sentence context, look up its meaning in the end vocabulary: it may be a false cognate or a cognate with more than one meaning.

    d. Often you can guess the meaning of an unfamiliar word from the context in which it is used. For example, you may not know the word **avión.** However, the meaning of the word becomes clear in the following context: **María va a Europa. Su avión sale a las diez.**

    e. Sometimes you may also guess the meaning of an unfamiliar word by relating it to a word you already know. In a sentence like "**Ramón no va al cine con nosotros porque tiene demasiado trabajo,**" you can figure out the meaning of the word **trabajo** ("work") by relating it to the more familiar word **trabajar** ("to work").

5. Once you have determined the meanings of unfamiliar words, you will be able to read a text sentence by sentence. However, you should avoid trying to establish a word-for-word correspondence between Spanish and English phrases. Each language has its own expressions and images, and word-for-word translation is usually awkward and often makes no sense at all. What is important is to find the meaning expressed in the whole sentence.

6. When you feel comfortable with the text, read it through one last time. You may even want to read it aloud to yourself. Remember that the sentences and expressions you thought clumsy or strange when compared to English do look right and sound fluent to the Spanish speaker. Relax as you reread the selection and try to develop a feel for the way Spanish speakers express themselves.

Recognizing Cognates and Spelling Patterns

1. Identical cognates are easy to recognize because they are spelled (but not pronounced) the same in both languages.

   hotel   *hotel*   **original** *original*
   animal   *animal*   **circular** *circular*
   popular   *popular*   **hospital** *hospital*

2. Some cognates are nearly identical, with the exception that in English they have a double consonant while in Spanish they have a single consonant.

   profesión   *profession*   **inteligente** *intelligent*
   diferente   *different*   **comercial**   *commercial*

3. There are many suffix patterns, that is, regular spelling variations between the two languages that make it easy to identify cognates and related words. Here are some of the main Spanish-English suffix patterns with sample words taken from the reading selections.

	SPANISH ENDINGS	ENGLISH ENDINGS	EXAMPLES	
VERBS	-ar ⎫	—	**visitar**	*to visit*
	-er ⎬	—	**corresponder**	*to correspond*
	-ir ⎭	—	**preferir**	*to prefer*
	-ar	-ate	**imitar**	*to imitate*
			crear	*to create*
	-ir	-e	**dividir**	*to divide*
			producir	*to produce*
	-tener	-tain	**obtener**	*to obtain*
			mantener	*to maintain*
VERBAL ENDINGS	-ado ⎫	-ed	**explorado**	*explored*
			reservado	*reserved*
	-ido ⎭	-ed	**dividido**	*divided*
			distribuido	*distributed*
	-ado	-ated	**creado**	*created*
			decorado	*decorated*
	-ando	-ing	**planeando**	*planning*
			expresando	*expressing*

	SPANISH ENDINGS	ENGLISH ENDINGS	EXAMPLES	
VERBAL ENDINGS (continued)	-iendo	-ing	**obteniendo**	*obtaining*
			descubriendo	*discovering*
ADVERBS	-mente	-ly	**finalmente**	*finally*
			especialmente	*especially*
NOUNS	-a	—	**música**	*music*
			persona	*person*
	-e	—	**arte**	*art*
			parte	*part*
	-o	—	**texto**	*text*
			respeto	*respect*
	-a	-e	**estructura**	*structure*
			manufactura	*manufacture*
	-o	-e	**caso**	*case*
			minuto	*minute*
	-ancia	-ance	**distancia**	*distance*
			importancia	*importance*
	-encia	-ence	**independencia**	*independence*
			referencia	*reference*
	-ción	-tion	**civilización**	*civilization*
			solución	*solution*
	-dad	-ty	**identidad**	*identity*
			sinceridad	*sincerity*
	-tad	-ty	**dificultad**	*difficulty*
			libertad	*liberty*
	-eza	-ness	**franqueza**	*frankness*
	-ia	-y	**familia**	*family*
			industria	*industry*
	-io	-y	**matrimonio**	*matrimony*
			estudio	*study*
	-iente	-ience	**inconveniente**	*inconvenience*
	-ismo	-ism	**individualismo**	*individualism*
			realismo	*realism*
	-ista	-ist	**guitarrista**	*guitarrist*
			individualista	*individualist*
	-miento	-ment	**entretenimiento**	*entertainment*
			sentimiento	*sentiment*

	SPANISH ENDINGS	ENGLISH ENDINGS	EXAMPLES	
ADJECTIVES	-ante	-ant	**importante**	*important*
			tolerante	*tolerant*
	-ente	-ent	**presente**	*present*
			diferente	*different*
	-ico	-ic	**métrico**	*metric*
			cosmético	*cosmetic*
	-ico	-ical	**idéntico**	*identical*
			metódico	*methodical*
	-ivo	-ive	**activo**	*active*
			impulsivo	*impulsive*
	-oso	-ous	**famoso**	*famous*
			estudioso	*studious*
MISCELLANEOUS SPELLING PATTERNS	es-	s-	**estado**	*state*
	-c-	-c/k-	**marcar**	*to mark*
	-c-	-qu-	**único**	*unique*
	-et-	-ect-	**adjetivo**	*adjective*
	-f-	-ph-	**triunfo**	*triumph*
	-i-	-y-	**mito**	*myth*
	-j-	-x-	**ejecutivo**	*executive*
	-t-	-th-	**teatro**	*theater*

4. Other recognizable cognates do not seem to follow predictable patterns. However, it is usually not too difficult to guess their meanings. Here are several additional cognates from the text.

aeropuerto *airport*   **tulipán** *tulip*
plomero *plumber*   **museo** *museum*

5. Spanish has also borrowed some words from English and then given them a Spanish spelling.

esquí *ski*   **jonrón** *home run*
volibol *volleyball*   **líder** *leader*

False Cognates

False cognates are words that look alike in English and Spanish but have different meanings. Here are some of the common false cognates that occur in this book.

		MEANS	DOES NOT MEAN
VERBS	**asistir**	*to be present at, to attend*	to assist ("to assist" is **ayudar**)
	contestar	*to answer*	to contest or challenge ("to contest" is **desafiar**)
	quitar	*to take away*	to quit ("to quit" is **abandonar**)
	recordar	*to remember*	to record ("to record" is **grabar**)
NOUNS	**bachillerato**	*high school diploma*	bachelor's degree (a "bachelor's degree" is **un título universitario**)
	lectura	*reading*	lecture (a "lecture" is **una conferencia**)
	pala	*shovel*	pail (a "pail" is **un balde**)
ADJECTIVES	**largo**	*long*	large ("large" is **grande**)
	simpático	*nice, pleasant*	sympathetic ("sympathetic" is **compasivo**)
	regular	*all right*	regular ("regular" is **promedio**)

Partial cognates have related meanings in the two languages, but often they have additional meanings that are not always parallel. Here are some partial cognates that you will encounter in the text.

Ambicioso means "ambitious," but also means "greedy."
    Paco no es generoso porque es muy **ambicioso**.

Importante means "important," but also means "large, sizeable."
    Hay un número **importante** de hispanohablantes en los Estados Unidos.

PRIMER
NIVEL

¡Tú comprendes español!

Estructura: los cognados

Imagina que viajas por España. Tú miras los letreros° y tú
comprendes el significado° de cada uno. ¡Ya° sabes° español!

signs
meaning;
already; you
know

HOSPITAL

Restaurante

TELÉFONOS PÚBLICOS

GARAJE

Oficina de Turismo

AVENIDA NACIONAL

Café

Museo

TREN

NORTE
OESTE — ESTE
SUR

AUTOBÚS

Ahora tú compras un periódico° y tú lees° las noticias°. ¿Comprendes el significado? ¡Claro que sí°!

newspaper;
read; news
Of course!

LA PRENSA

Domingo $a 10.00
Lunes a sábado $a 6:00

AVENIDA DE MAYO 567 · NUMERO POSTAL 1319 · BUENOS AIRES · 1 E 33-1001 9 y 1011 19

Domingo 5 de febrero de 1984

HURACÁN CAUSA DESASTRES

Dos Astronautas en el Espacio

Director de cine visita Madrid

EL UNIVERSO
EL MAYOR DIARIO NACIONAL
AÑO 94 - N° 75 - Guayaquil - Ecuador - Lunes 4 de Marzo de 1985

2 Secciones
44 Páginas

Precio en Guayaquil
S/. 15.00

El Presidente de México saluda a España

AVALANCHA EN LOS ANDES
10 víctimas

26
páginas
en 4
secciones
AÑO 115
Nº 39.418

TENIS: competencia
para la Copa Davis

Hoy temperatura
extraordinaria
28 grados

● ☆ ☆

LUNES 20
DE MAYO
DE 1985

EL TIEMPO

38 PÁGINAS
4 SECCIONES

—Tarifa postal No. 25 de la Administración Porte pagado

Aéreo vía Avianca Aerosucre   —Bogotá Colombia   —Afiliado a SIP y Andiarios

$ 40.00

Año 75 No. 25.833

LA INFLACIÓN
CONTINUA

ACCIDENTE AÉREO

En páginas
interiores

El Maratón de Boston:
miles de personas

La princesa Diana
en Australia

ACTIVIDAD | 1

Ahora, escoge (*choose*) tres noticias y da el equivalente en inglés.

ACTIVIDAD | 2

Read the nouns in columns A and B. The nouns in column A can be logically associated with the nouns of column B. Write the letter of the corresponding noun in the space provided.

	A		B
f	1. farmacia	a.	cheque
___	2. concierto	b.	doctor
___	3. teatro	c.	biología
___	4. tenis	d.	elefante
___	5. estadio	e.	banana
___	6. ciencia	f.	aspirina
___	7. animal	g.	rosas
___	8. fruta	h.	motor
___	9. flores	i.	profesor
___	10. universidad	j.	tren
___	11. estación	k.	raqueta
___	12. banco	l.	fútbol
___	13. automóvil	m.	drama
___	14. metal	n.	música
___	15. hospital	o.	platino

ACTIVIDAD | 3

Imagine that you are looking through a Spanish newspaper. Read the following headlines and decide in which section each would appear. Write A, B, C, D, or E. You don't have to understand every word to choose the appropriate category.

A. Entretenimientos (*entertainment*)
B. Deportes (*sports*)
C. Política
D. Economía (*business*)
E. Miscelánea (*general interest stories*)

> **Modelo:** D Inflación llega al 60%

____ 1. Elecciones nacionales en México
____ 2. Nueva micro-computadora para oficinas
____ 3. Demasiada producción de petróleo
____ 4. 100.000 personas escuchan a Michael Jackson
____ 5. Bandidos atacan el Banco Inglés
____ 6. Crisis de café en el Brasil
____ 7. Julio Iglesias y su nuevo disco
____ 8. Vilas gana torneo de tenis
____ 9. No a la energía nuclear
___ 10. Los Juegos Olímpicos de verano
___ 11. Expansión en el aeropuerto internacional
___ 12. Cocodrilo escapa del zoológico
___ 13. Exportaciones aumentan 10%
___ 14. Accidente fatal de tres automóviles
___ 15. El presidente de Colombia visita España
___ 16. Volibol es muy popular entre los jóvenes

American Express felicita al Equipo Olímpico Mexicano

2 ¿Qué dices tú cuando...?

Estructura: exclamaciones

¿Qué dices tú si es el cumpleaños de tu amigo? ¿si tu equipo° de fútbol gana? ¿si estornuda° una persona? Vamos a escuchar lo que un hispanohablante dice en las siguientes situaciones:

team
sneezes

¿Comprendiste tú?

Lee las siguientes situaciones. ¿Qué dices tú en cada situación?

1. Tu prima Catalina anuncia su matrimonio°.   marriage
2. Mañana tu amigo Manuel va a tener quince años.
3. Cuando entras en la cocina° tú ves llamas° que salen   kitchen; flames
   del horno°.   oven
4. Estás atrapado° dentro de un ascensor°.   trapped; elevator
5. En el autobús le pisas° el pie° a un señor.   you step on; foot
6. Tú estás en el estadio y el equipo de tu colegio marca°   scores
   un gol°.   goal
7. Tienes una cita° con el dentista a las cuatro. Miras tu reloj   appointment
   y son las cinco.
8. Tu familia está en la mesa y van a cenar°.   to have dinner
9. Hay mucho tráfico y un niño va a cruzar° la calle.   to cross
10. Estás en el aeropuerto. Tus amigos se van de vacaciones a
    Madrid.

¡FELICIDADES!

Ya es usted miembro del primer club
organizado para beneficio de los bolichis-
tas, Club Bol Tlalpan.

club
bol tlalpan
Calzada de Tlalpan 1541.
14380 México D.F.
Tel 573-84-6...

CLIENTE PREFERENCIAL
1174

¡Buen viaje!

Aumenta tu vocabulario

El verbo *pasar*

El verbo **pasar** tiene varios significados.
Nota los significados de este verbo:

pasar

to pass, to come by	¿A qué hora **pasa** el tren?
to go by, to come by	Voy a **pasar** por la casa de mis primos esta tarde.
to go (by, through)	El autobús **pasa** por esa calle.
to spend (time)	Elena va a **pasar** un año en Madrid.
to pass (a test)	¿Vas a **pasar** tu examen de inglés hoy?
to happen (to, with)	¿Qué **pasa** con la economía de la nación?
	¿Qué te **pasa** Paco?

ACTIVIDAD

Contesta las siguientes preguntas:

1. Generalmente, ¿dónde pasas tus vacaciones? ¿Dónde vas a pasar tus próximas (*next*) vacaciones?
2. ¿Cuánto tiempo vas a pasar en la casa de tu amigo?
3. ¿Cuándo vas a pasar por la casa de tus abuelos (*grandparents*)?
4. ¿Pasas por muchas calles para llegar a tu casa?
5. ¿Pasas todas tus asignaturas (*subjects*) con buenas notas?
6. ¿Qué evento va a pasar en tu colegio (*high school*) el próximo sábado?
7. ¿A qué hora pasa el autobús de tu colegio por la mañana?
8. ¿Qué pasa en la clase de español?

3 | Las flores del mundo hispánico

Estructura: los cognados; el presente

¿Tienes tú una flor favorita? ¡Seguro que sí°! Las flores repre-   Of course!
sentan vida y belleza°. Para algunas personas son también   beauty
símbolos de festividad°. Casi todo el mundo tiene una flor   festivity
favorita. Los países también tienen flores favoritas. Son las

flores nacionales. Algunas de estas flores son emblemas nacionales y otras son flores tradicionales o populares. Vamos a ver los países y sus flores.

País	Flor	
la Argentina	la orquídea	
Bolivia	el clavel°	carnation
Colombia	la orquídea	
Costa Rica	la orquídea morada°	purple
Cuba	el lirio°	lily
Chile	la campana°	bellflower
el Ecuador	la orquídea blanca	
España	el clavel	
Guatemala	la orquídea blanca	
Honduras	la rosa	
México	la dalia	
Nicaragua	la orquídea	
Panamá	la orquídea	
el Paraguay	el jazmín	
el Perú	el girasol°	sunflower
la República Dominicana	el hibisco	
el Uruguay	la orquídea	
Venezuela	la orquídea	

¿Notas tú que la orquídea es para muchos países hispánicos la flor nacional? ¡Hay más de mil variedades de orquídeas! La orquídea es la más lujosa° entre las flores. ¡Qué colores! ¡Qué belleza! ¡Qué aroma! — luxurious

Además de ser decorativas, las flores también son productivas. La orquídea, el jazmín, el lirio, la rosa, la lila y otras flores son la base de la industria de la perfumería y de los cosméticos. El arte de la perfumería es muy antiguo°. Hoy en día muchas fórmulas son verdaderos secretos industriales. Los perfumes naturales de los pétalos de las flores, con alcohol, resinas° y otras substancias químicas dan la esencia de perfume. Un buen perfume es caro, pues es necesario utilizar muchísimas flores naturales. ¿Y a ti? ¿Te gustan los perfumes? — ancient — resins

¿Comprendiste tú?

Contesta las siguientes preguntas. Refiérete al texto si es necesario.

1. ¿Cuál es la flor nacional de muchos países hispánicos?
2. ¿Cuál de estas flores símbolos es tu flor favorita? ¿Por qué?
3. Describe los ingredientes de un perfume.
4. ¿Compras tú perfume? ¿Para quién lo compras? ¿Qué perfume?
5. De la lista de flores nacionales, ¿cuáles conoces tú?

ACTIVIDAD | 1

Lee el texto una vez más. Completa las frases con las palabras que faltan (*are missing*). Con las letras indicadas en el diseño, tú vas a poder contestar la adivinanza (*riddle*). Así, tú vas a saber el nombre de una flor muy productiva.

1. La orquídea blanca es la flor nacional del Ecuador y de

    ☐ _ _ _ _ _ _ _.

2. Hay más de _ ☐ _ variedades de orquídeas.

3. La ☐ _ _ _ es la flor nacional de Honduras.

4. Las _ _ _ _ _ _ ☐ _ de muchos perfumes son

    verdaderos secretos industriales.

5. Las _ _ _ _ _ ☐ son símbolos de festividad.

6. El arte de la perfumería es muy _ _ _ _ _ _ ☐.

7. La flor nacional de México es la _ _ ☐ _ _.

Adivinanza

«Soy una planta que da grandes flores amarillas. Mis semillas (*seeds*) tostadas son deliciosas y nutritivas. Mis semillas dan aceite (*oil*). Soy originaria de la América del Sur. Me gusta el sol. ¿Qué soy?»

Soy un: $\overline{}_1 \overline{}_2 \overline{}_3 \overline{}_4 \overline{}_5 \overline{}_6 \overline{}_7$

Aumenta tu vocabulario

LAS PLANTAS Y LAS FLORES

Algunas plantas

una planta verde   un cacto   un helecho

Algunas flores

una violeta   un narciso   una orquídea

un pensamiento   un clavel   un lirio   un tulipán

ACTIVIDAD | 2

Contesta las siguientes preguntas:

1. ¿Tienes tú una planta en tu casa? ¿Qué planta?
2. ¿Hay flores en tu jardín? ¿Qué tipo de flores hay?
3. ¿En qué región de los Estados Unidos hay cactos?
4. ¿Cuál es la flor más común en tu estado?

La Margarita

¿Sabes tú que los pétalos de la margarita pueden decirte a ti si alguien te ama°? Ahora consulta con la margarita. Saca los pétalos uno por uno. Continua así hasta el último pétalo.   loves you

Me quiere. . .   un poquito
mucho
muchísimo
con locura°
casi nada°
no me quiere

madly
a tiny bit

Nombres y apellidos

Estructura: los artículos definidos

¿Cuáles son los apellidos° más comunes en inglés? Smith, Johnson, Williams, Jones... ¿De veras°? ¡Sí! ¿Cuáles son los apellidos más comunes en español? Son Fernández, González, Hernández, López, Sánchez... Nota que muchos apellidos españoles terminan en «ez». En el español antiguo la terminación «ez» es un diminutivo que se aplica al hijo de una persona. Con los años, muchos de estos diminutivos son apellidos. Así°:

°surnames

Really?

Thus

Padre	Hijo
Álvaro	Álvarez
Domingo	Domínguez
Fernando	Fernández
Gonzalo	González
Hernando	Hernández
Lope	López
Martín	Martínez
Sancho	Sánchez
Ramiro	Ramírez
Rodrigo	Rodríguez
Vasco	Vázquez, Vásquez
Velasco	Velázquez

Generalmente los hispanos usan dos apellidos—el apellido paterno y el apellido materno. Así para Elena Sánchez Fonseca, el apellido de su papá es Sánchez y el apellido de su mamá es Fonseca.

La mujer casada° conserva el apellido paterno y añade° el apellido de su esposo. Por ejemplo, si Elena Sánchez Fonseca se casa° con Nicolás García Prado, ella va a ser Elena Sánchez de García. Los hijos van a ser José y Carmen García Sánchez.

married; adds

marries

¿Comprendiste tú?

Lee las siguientes frases. Di si son ciertas o falsas. Si son falsas, explica el porqué.

Cierto **Falso**

☐ ☐ 1. Muchos apellidos españoles terminan en «ez».

☐ ☐ 2. López es un nombre. Lope es un apellido.

☐ ☐ 3. La mujer hispana casada conserva el apellido de su mamá.

☐ ☐ 4. Los hijos llevan los apellidos de su papá y de su mamá.

☐ ☐ 5. Susana Soto de Álvarez es una mujer casada.

☐ ☐ 6. Los hijos de Susana usan los apellidos Álvarez Soto.

ACTIVIDAD | 1

Lee los siguientes nombres. Indica la relación familiar en la columna apropiada.

	Papá	Mamá	Hijo	Hija
1. Diana Vidal de Gómez				
2. Lucia Gómez Vidal				
3. Gustavo Gómez Vidal				
4. Francisco Gómez Otero				
5. Cecilia Gómez Vidal				
6. Lorenzo Gómez Vidal				

Aumenta tu vocabulario

Un apodo o sobrenombre
Un apodo es la abreviación del nombre de una persona. Por ejemplo (*For example*):

Masculino

Antonio	→	Toño
Francisco	→	Paco o Pancho
José	→	Pepe
Ignacio	→	Nacho

Femenino

Dolores	→	Lola
Guadalupe	→	Lupe
Graciela	→	Chela
Rosario	→	Charo

Un diminutivo
Un diminutivo es la terminación -ito (para chicos) o -ita (para chicas) que se añade (*is added*) al nombre de una persona para expresar afecto (*affection*). Se usa mucho con los niños.

Alberto	→	Albertito	Angela	→	Angelita
Juan	→	Juanito	Clara	→	Clarita
Luis	→	Luisito	Elena	→	Elenita
Ricardo	→	Ricardito	Teresa	→	Teresita

ACTIVIDAD | 2

Muchos hispanos usan dos nombres, por ejemplo: Juan José, María
Isabel, Carlos Luis, etc. Para saber el sobrenombre de María Teresa,
un nombre doble común, completa las definiciones siguientes. Mete
las letras en los espacios en blanco apropiados:

1. Lo contrario de paterno es: ☐ _ _ _ _ _ _

2. Un sinónimo de sobrenombre es: ☐ _ _ _ _ _

3. El nombre de Charo es: ☐ _ _ _ _ _ _

4. Las terminaciones -ito o -ita son: _ ☐ _ _ _ _ _ _ _ _

5. La abreviación de Antonio es: ☐ _ _ _

6. Sánchez, López e Iglesias son: _ _ ☐ _ _ _ _ _

1	2	3	4	5	6

ACTIVIDAD | 3

Imagina que tú eres el profesor / la profesora de estos niños. Escribe
el correspondiente diminutivo.

1. Carlos _____   5. Ana _____
2. Miguel _____   6. Marta _____
3. Pablo _____   7. Rosa _____
4. Rogelio _____   8. Susana _____

CARLITOS – EL PRIMER DÍA

5 El intruso°

intruder

Estructura: los adjetivos demostrativos

Chichén Itzá, antigua ciudad maya

¿Qué sabes tú de la geografía, de la historia, de los productos, de las costumbres° y de la vida del mundo hispano? Aquí está un examencito muy simple: Tú tienes que hallar° al intruso en cada categoría. Cada categoría tiene cinco ejemplos: A, B, C, D y E. Cuatro ejemplos tienen una característica en común. El quinto° ejemplo no tiene esta característica. ¡Es el intruso!

customs

to find

fifth

Ahora, vamos a ver. ¿Cuántos intrusos puedes hallar tú?

1. Aquí están cinco civilizaciones indígenas°. Una de estas   native (Indian)
   civilizaciones no es de México ni de la América Central.
   ¿Cuál es esta civilización?

   a. Maya   d. Tolteca
   b. Azteca   e. Inca
   c. Olmeca

2. Aquí están cinco misiones españolas en los Estados
   Unidos. Fray Junípero Serra fundó misiones en el Camino
   Real°. ¿Cuál de estas misiones no está en el Camino   missions in
   Real?   California

   a. Santa Bárbara   d. San Agustín
   b. San Francisco   e. San Diego
   c. San José

3. Aquí están cinco pintores° españoles. Uno de estos   painters
   pintores no nació° en España. ¿Quién es este pintor?   was not born

   a. Miró   d. Picasso
   b. El Greco   e. Goya
   c. Velázquez

4. Aquí están cinco exploradores del Nuevo Mundo. Uno de
   estos exploradores no es de origen español. ¿Quién es este
   explorador?

   a. Pizarro   d. Magallanes
   b. Ponce de León   e. Balboa
   c. Cortés

Francisco Pizarro

5. Aquí están cinco productos de la tierra. Uno de estos productos no es originario del continente americano. ¿Cuál es este producto?

   a. la piña   d. el chocolate
   b. el tomate   e. la papa
   c. el café

6. Aquí están cinco países hispanohablantes. Uno de estos países no está en la América Central. ¿Qué país es?

   a. Costa Rica   d. Nicaragua
   b. El Salvador   e. Honduras
   c. La República Dominicana

7. Aquí están cinco países en la América del Sur. En uno de estos países no se habla español. ¿Qué país es?

   a. la Argentina   d. el Uruguay
   b. el Perú   e. el Brasil
   c. Chile

8. Aquí están cinco días festivos del mundo hispánico. Uno de estos días no es de origen religioso. ¿Cuál es este día festivo?

   a. El Día de la Navidad, el veinte y cinco de diciembre
   b. El Día de los Reyes Magos, el seis de enero
   c. La Pascua Florida, en marzo o abril
   d. El Día de la Raza, el doce de octubre
   e. El Día de Todos los Santos, el primero de noviembre

Aumenta tu vocabulario

PAÍSES Y NACIONALIDADES

América del Norte

el Canadá	canadiense
los Estados Unidos	norteamericano(a)
México	mexicano(a)

América Central

Costa Rica	costarricense
Guatemala	guatemalteco(a)
Honduras	hondureño(a)
Nicaragua	nicaragüense
Panamá	panameño(a)
El Salvador	salvadoreño(a)

El Caribe

Cuba	cubano(a)
la República Dominicana	dominicano(a)
Puerto Rico	puertorriqueño(a)

América del Sur

la Argentina	argentino(a)
el Brasil	brasileño(a)
Bolivia	boliviano(a)
Colombia	colombiano(a)
Chile	chileno(a)
el Ecuador	ecuatoriano(a)
el Paraguay	paraguayo(a)
el Perú	peruano(a)
el Uruguay	uruguayo(a)
Venezuela	venezolano(a)

Europa

Alemania (*Germany*)	alemán (alemana)
Bélgica (*Belgium*)	belga
España	español(a)
Francia	francés (francesa)
Inglaterra (*England*)	inglés (inglesa)
Italia	italiano(a)
Rusia	ruso(a)
Suiza (*Switzerland*)	suizo(a)

África

Egipto	egipcio(a)
Marruecos (*Morroco*)	marroquí
Senegal	senegalés (senegalesa)

Asia

la China	chino(a)
las Filipinas	filipino(a)
la India	indio(a)
Israel	israelí
el Japón	japonés (japonesa)

ACTIVIDAD

Lee las siguientes frases que dicen donde viven estas personas. ¿De qué nacionalidad son?

Modelo: Mari Carmen vive en Lima.
Es peruana.

1. Hans vive en Berlín.
2. Gina vive en Roma.
3. Los Pardo viven en Barcelona.
4. Don Luis vive en Buenos Aires.
5. Yuri vive en Moscú.
6. Brigitte vive en Quebec.
7. Los López viven en México.
8. Yoko vive en Tokio.
9. Cristina vive en Panamá.
10. Jean-Pierre vive en París.
11. Cecilia vive en Bogotá.
12. Pedro y Miguel viven en Santiago.

6 | El horóscopo chino

Estructura: los adjetivos de personalidad

Para la mayoría de la gente, el año° comienza° el primero de
enero y termina el 31 de diciembre. ¡Pero no para todo el
mundo°! Para los chinos, por ejemplo°, el año comienza en
febrero y termina en enero. Cada año corresponde a un animal
diferente. Hay el año del dragón, el año del caballo°, el año del
carnero°, etc... En total hay 12 animales que representan el
calendario chino.

    Según° el horóscopo chino, tú tienes las características del
animal del año en que naciste°.

    Mira el horóscopo chino. ¿Qué animal corresponde al año
de tu nacimiento°? ¿Tienes las características de este animal?

year; begins

everyone; for
instance

horse
ram

According to
you were born

birth

Años	Año chino	Las características

1964
1976
1988

El dragón tiene mucho talento. Es muy activo, pero muy terco°.   stubborn

Año del Dragón

1965
1977
1989

Para los chinos la serpiente es un animal de muchas cualidades. La serpiente es inteligente, generosa y de buen humor.

Año de la Serpiente

1966
1978
1990

El caballo es un animal independiente. Es leal°,   loyal
pero es impaciente.

Año del Caballo

1967
1979
1991

El carnero tiene temperamento artístico, pero no es tolerante.

Año del Carnero

Años	Año chino	Las características

1968
1980
1992

Año del Mono

El mono tiene una memoria excelente. Es un animal muy inteligente.

1969
1981
1993

Año del Gallo

El gallo es charlatán°. Es muy inteligente, pero no es muy generoso.   talkative

1970
1982
1994

Año del Perro

El perro es cariñoso°. Es un animal justo. Es generoso con sus amigos.   affectionate

1971
1983
1995

Año del Cerdo

El cerdo es un compañero° excelente. Es un animal sociable y honesto.   companion

Años	Año chino	Las características

1972
1984
1996

Año de la Rata

La rata es un animal sociable. Es artística, pero...a veces° es caprichosa°.

sometimes
temperamental

1973
1985
1997

Año del Búfalo

El búfalo es un animal paciente y metódico. Es trabajador, pero no se arriesga°.

take risks

1974
1986
1998

Año del Tigre

El tigre es un animal independiente. Le gusta° viajar, pero no le gusta la disciplina.

he/she likes

1975
1987
1999

Año de la Liebre

La liebre es un animal prudente°. Es amistosa° y diplomática.

cautious; friendly

ACTIVIDAD | 1

Contesta las siguientes preguntas sobre las características de tu personalidad:

¿Eres ...?	Generalmente soy ...	Generalmente no soy ...
sincero(a)	☐	☐
dinámico(a)	☐	☐
tímido(a)	☐	☐
activo(a)	☐	☐
impulsivo(a)	☐	☐
injusto(a)	☐	☐
caprichoso(a)	☐	☐
generoso(a)	☐	☐
perezoso(a)	☐	☐
tolerante	☐	☐
prudente	☐	☐
independiente	☐	☐
paciente	☐	☐
valiente (*courageous*)	☐	☐
idealista	☐	☐
realista	☐	☐
individualista	☐	☐
optimista	☐	☐
pesimista	☐	☐
sociable	☐	☐
irritable	☐	☐
leal	☐	☐

ACTIVIDAD | 2

Contesta las siguientes preguntas. Di si estas personas o cosas son importantes o no son importantes para ti.

	Muy importante	Importante	De ninguna importancia
mis amigos	☐	☐	☐
mi familia	☐	☐	☐
mis estudios	☐	☐	☐
mis pasatiempos (*hobbies*)	☐	☐	☐
mis profesores	☐	☐	☐
mis vecinos (*neighbors*)	☐	☐	☐
los modales (*manners*)	☐	☐	☐
la música	☐	☐	☐
los deportes	☐	☐	☐
el dinero	☐	☐	☐
la política	☐	☐	☐

ACTIVIDAD | 3

Escoge un amigo, una amiga, un pariente (*relative*) o una persona que tú conoces (*know*) bien. Pregúntale en qué año nació (*he/she was born*) y describe las características de esta persona según el horóscopo chino. Después, describe las características de su personalidad usando los adjetivos de la Actividad 1.

7 | María Josefa

Estructura: el presente

Información personal

Apellido:	Garcés Rivas
Nombre de pila:	María Josefa
Sobrenombre/apodo:	ninguno
Fecha de nacimiento:	el 10 de marzo de 1972
Lugar de nacimiento:	Quito, Ecuador
Padres:	José Garcés Arana
	María Rivas de Garcés
Número de hermanos:	dos (José Miguel y Francisco)
Número de hermanas:	dos (Elena y Mari-Carmen)
Estatura°:	1 metro 60
Peso°:	50 kilos
Cabello/pelo:	castaño
Señales particulares:	ninguna
Domicilio:	Quito
Profesión:	estudiante

Estatura° height
Peso° weight

Personalidad

Signo Astrológico: Piscis
Carácter: amable, un poco terca°   stubborn
Superstición: ninguna
Juegos: detesta los juegos
Pasatiempo favorito: escuchar discos y leer novelas
Personaje histórico que admira: Simón Bolívar
Expresión que emplea mucho: depende
Defecto principal: critica demasiado°   too much
Cualidad principal: la franqueza°, la sinceridad   frankness

Gustos°   Preferences

Color: azul
Flor: las rosas/las orquídeas
Animal: el perro/el tigre
Ciudad hispánica: Madrid
Ciudad extranjera: Washington, D.C.
Hora preferida: las 7 de la mañana
Día: domingo
Mes: abril
Estación: el verano
Letra: M
Número: 7
Autor: García Lorca
Música: moderna/clásica
Deporte: el volibol
Asignatura: el inglés/la historia

¿Comprendiste tú?

Lee con cuidado las siguientes frases. Di si son ciertas o falsas. Si son falsas, explica el porqué.

Cierto   **Falso**

☐   ☐   1. María Josefa vive en una capital latinoamericana.

☐   ☐   2. Ella tiene tres hermanos.

☐   ☐   3. Ella escucha discos y lee mucho.

☐   ☐   4. Ella nunca critica.

☐   ☐   5. Su día favorito es el lunes.

☐   ☐   6. A ella le gusta el volibol.

☐   ☐   7. A ella le gusta la música clásica.

☐   ☐   8. Su personaje histórico favorito es Washington.

Aumenta tu vocabulario

La tarjeta de identidad

COLEGIO EUGENIO ESPEJO

el nombre / el apellido ___ José Luis Sánchez Roca ___

el domicilio ___ Calle Ríos 540 ___

México, D.F.

la nacionalidad ___ mexicano ___

la fecha de nacimiento ___ el 19 de marzo de 1972 ___

ACTIVIDAD | 1

Contesta las siguientes preguntas:

1. ¿Cómo te llamas?
2. ¿Cuál es tu apellido paterno?
3. ¿Cuál es tu apellido materno?
4. ¿Cuál es tu domicilio?
5. ¿Cuál es tu profesión?
6. ¿Cuál es la fecha de tu nacimiento?

ACTIVIDAD | 2

Imagina que quieres trabajar para una compañía internacional con oficinas en Latinoamérica. Escribe la información de tu tarjeta de identidad en una hoja de papel (*on a sheet of paper*).

Aumenta tu vocabulario

PELUQUEROS
Señora-caballero-niño
(con salón especial para niños)

CAMPEONES
MUNDIALES

• Paseo de la Habana, 77
  Tel. 458 72 78
• Plaza Conde Valle de Suchil, 12
  Tels. 446 49 86 - 446 90 48
• Calervega, 9
  Tel. 202 02 11 (pinar de Chamartín)
• Montesquinas, 36
  Tel. 419 40 40
• Galerías Preciados
  Planta, 3 - (centro Callao)
  Tel. 231 16 06

RAFAEL &
JUAN CARLOS

Los oficios (*trades*) y las profesiones

Unos oficios

un camarero	una camarera	*waiter (waitress)*
un carnicero	una carnicera	*butcher*
un carpintero	una carpintera	*carpenter*
un cocinero	una cocinera	*cook*
un electricista	una electricista	*electrician*
un mecánico	una mecánica	*mechanic*
un panadero	una panadera	*baker*
un peluquero	una peluquera	*hairdresser*
un plomero	una plomera	*plumber*
un sastre	una modista	*tailor (seamstress)*
un vendedor	una vendedora	*salesperson*
un zapatero	una zapatera	*shoemaker*

Unas profesiones

Medicina

un dentista	una dentista	*dentist*
un doctor	una doctora	*doctor*
un enfermero	una enfermera	*nurse*
un farmacéutico	una farmacéutica	*pharmacist/druggist*
un optometrista	una optometrista	*optometrist*

Comercio

un abogado	una abogada	*lawyer*
un agente de bolsa	una agente de bolsa	*stockbroker*
un contador	una contadora	*accountant*
un ejecutivo	una ejecutiva	*executive*
un gerente	una gerente	*manager*

Comunicaciones (*Media*)

un director	una directora	*movie director*
un fotógrafo	una fotógrafa	*photographer*
un locutor	una locutora	*radio or TV announcer*
un periodista	una periodista	*journalist*
un reportero	una reportera	*reporter*

Ciencias y técnicas

un arquitecto	una arquitecta	*architect*
un científico	una científica	*scientist*
un ingeniero	una ingeniera	*engineer*
un programador	una programadora	*programmer*

Nota:

1. The names of certain trades and professions that end in **-ista** have only one form.

   Mi papá es dentista.
   Ana es periodista.

2. After **ser**, the indefinite article (**un, una, unos, unas**) is usually omitted before a noun designating a profession, unless that noun is modified by an adjective.

   El Sr. Marín es arquitecto.
   Yo deseo ser optometrista.

   But: El Sr. Marín es un arquitecto famoso.
   Yo deseo ser una optometrista excelente.

ACTIVIDAD | 3

Lee lo que (*what*) estas personas hacen y di cuál es su oficio o su profesión.

> **Modelo:** Mi primo trabaja en un garaje.
> *Es mecánico.*

1. Elena sirve la comida en un restaurante.
2. Don José hace un pan delicioso.
3. El Sr. Paz repara el lavadero (*sink*) de nuestra cocina.
4. Mi tío vende medicinas.
5. Mi hermana visita a sus pacientes en el hospital.
6. La Srta. Álava es la presidente de esa compañía.
7. Don Esteban trabaja con las computadoras.
8. Raúl le corta (*cuts*) el pelo a sus clientes.
9. El Sr. López calcula los impuestos (*taxes*) de sus clientes.
10. El papá de Roberto vende ropa en esa tienda.

El horario de clases de Gustavo Fonseca

Estructura: el presente de los verbos irregulares

Gustavo Fonseca vive en Caracas, la capital de Venezuela. Tiene catorce años y estudia en el Liceo° «Andrés Bello». Gustavo va al liceo todos los días, de lunes a viernes. Tiene treinta horas de clase por semana. Sus cursos comienzan° a las siete y media de la mañana y terminan a las dos de la tarde. Otros liceos y colegios tienen un horario° diferente. Los estudiantes van de las siete y media de la mañana hasta las once y media de la mañana y por la tarde van de las dos de la tarde a las cinco de la tarde. A Gustavo le gusta el horario del Liceo «Andrés Bello» porque es un horario de jornada completa. Le gusta tener la tarde libre°.

    ¿Cuáles son las asignaturas° favoritas de Gustavo? Las matemáticas y el castellano°, y también ¡le encanta el inglés!

high school

begin

schedule

free

subjects
Spanish

Gustavo considera el estudio de las lenguas extranjeras muy importante. Piensa que el inglés es vital para su futuro porque el inglés es necesario para el comercio internacional. ¿Su sueño? Gustavo desea ser ingeniero de petróleo° como su papá. Hoy es su día favorito porque tiene clases de inglés, matemáticas, castellano, historia y artes mecánicas ¿Qué día es hoy? ¡Mira el horario de clases de Gustavo!

petroleum

Título (*Diploma*): Bachillerato Clásico.
Grado: Segundo año de Secundaria

	Lunes	Martes	Miércoles	Jueves	Viernes
7:30	Matemáticas	Inglés	Historia	Biología	Biología
8:30	Castellano (Español)	Matemáticas	Castellano	Matemáticas	Matemáticas
9:30	Inglés	Castellano	Inglés	Geografía	Castellano
10:30	Física	Historia	Física	Inglés	Inglés
11:30		Recreo (*Recess*)/Almuerzo			
12:00	Historia	Artes Mecánicas	Período de Estudios	Educación Física	Historia
1:00	Música	Artes Mecánicas	Música	Educación Física	Geografía

La Educación Secundaria

A la edad de doce o trece años, el estudiante hispano empieza su educación secundaria. Va a un colegio, a un liceo o a una escuela secundaria. Por lo general, la educación secundaria varia entre cinco y seis años. Al final de este período el estudiante obtiene su bachillerato°. El bachillerato es el diploma. El diploma puede ser un Bachillerato en Humanidades (Clásico), un Bachillerato Normal (para enseñar en la escuela primaria) o un Bachillerato Técnico (para trabajar como técnico[a] o como secretario[a]).

high school diploma

Ahora vamos a comparar el sistema hispano al sistema norteamericano.

Edad promedio°	Año escolar en Hispano- américa	Año escolar en los Estados Unidos	
13 años	Primer año	Séptimo año	average
14 años	Segundo año	Octavo año	
15 años	Tercer año	Noveno año	
16 años	Cuarto año	Décimo año	
17 años	Quinto año	Undécimo° año	eleventh
18 años	Sexto año	Duodécimo° año	twelfth

ACTIVIDAD | 1

¿Y tú? Ahora describe tu vida escolar.

1. Yo estudio en el colegio _____. (¿qué colegio?)
2. Voy al liceo todos los días, excepto los _____ y los _____. (¿qué días?)
3. Tengo _____ clases por semana. (¿cuántas?)
4. Las clases comienzan a las _____ y terminan a las _____. (¿a qué horas?)
5. Mis asignaturas favoritas son _____ y _____. (¿qué asignaturas?)
6. En _____ años, yo voy a obtener un _____. (¿qué título?)

Aumenta tu vocabulario

LAS ASIGNATURAS

Las ciencias
la biología
la física
las matemáticas
la programación de computadoras
la química (*chemistry*)

Las lenguas
el alemán
el español
el francés
el inglés

Las humanidades (*Humanities*)
los estudios sociales
la geografía
la historia
la literatura

Las artes
el dibujo (*drawing*)
el diseño (*design*)
la fotografía
la música

Los estudios comerciales
la contabilidad (*accounting*)
la mecanografía (*typing*)
la taquigrafía (*shorthand*)

Los estudios de taller
las artes mecánicas
   (*industrial arts, shop*)
la carpintería
la mecánica

La educación física
la gimnasia (*gymnastics*)
la natación (*swimming*)

Electiva
la escuela de manejo
   (*driver's education*)

ACTIVIDAD | 2

Mira el vocabulario de LAS ASIGNATURAS. Lee estas frases con cuidado y escribe la asignatura correspondiente.

Asignatura

1. Cuatro más cinco son nueve. _____

2. Madrid es la capital de España. _____

3. Las notas musicales son: do, re, mi, fa, sol, la, si, do. _____

4. La fórmula química del agua es H_2O. _____

5. Necesita una cámara y dos rollos de fotos. _____

6. Colón llega a América el 12 de octubre. _____

7. Fortran, Cobol y Plato son lenguas especiales. _____

8. Los alumnos pueden escribir a máquina 55 palabras por minuto. _____

9. Simón Bolívar y Washington son héroes de la independencia en las Américas. _____

10. Toma notas rápidamente. _____

ACTIVIDAD | 3

En un papel, prepara tu propio horario. ¡En español, por favor!

INGLES

MATRICULA ABIERTA
A PARTIR DEL 1 DE FEBRERO

→ Cursos de 8 niveles
→ Profesores nativos y titulados
→ Actividades complementarias

INTERNATIONAL HOUSE.
ZURBANO, 8
MADRID 4·TEL. 4101314

Róbinson Crusoe, un parque nacional

Estructura: el presente de los verbos irregulares

Isla Róbinson Crusoe

¿Qué piensa la gente cuando oye° la palabra «parque»? ¿Qué piensas tú? La mayoría° de las personas piensan en una área verde que está en el centro de un pueblo o una ciudad. Otras personas piensan en una área inmensa que pertenece° al gobierno° para conservar la flora, la fauna y las bellezas° naturales de la nación. ¡Estas personas piensan en los parques nacionales!

Cuando tú recuerdas° la trama° de la novela clásica «Las aventuras de Róbinson Crusoe» de Daniel Defoe, tú piensas en una isla. Pero, si tú eres chileno, tú piensas en una isla y al mismo tiempo° piensas en un parque nacional. Y no es ficción . . . ¡es realidad!

La novela del inglés Daniel Defoe es ficción pero, está basada° en las verdaderas° aventuras de un náufrago° escocés° llamado Alejandro Selkirk. En la novela, la isla está en el

they hear
majority

belongs
government;
beauties

remember;
plot

at the same
time

based on; true;
castaway;
Scottish

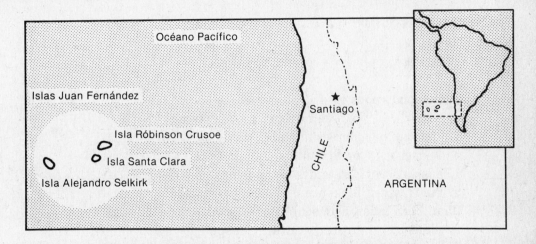

Caribe. ¿Y en realidad? Está a 400 millas al oeste de Chile. Es el grupo de islas Juan Fernández que está formado° por tres islas: Róbinson Crusoe, Alejandro Selkirk y Santa Clara.

consists

Hace mucho tiempo la isla Róbinson Crusoe se llamó° Más-a-Tierra° porque es la isla que está más cerca de° la costa chilena. Más-a-Tierra o Róbinson Crusoe, hoy un parque nacional chileno, es una isla bella. Tiene 13 millas de largo° y 4 millas de ancho° y es una isla de contrastes. El terreno° es increíblemente abrupto porque está formado de piedras° en forma de bloques irregulares, y al mismo tiempo, tiene una vegetación extraordinariamente verde.

was called
More to land;
    near

long
wide; terrain

stones

Estas islas llevan el nombre de Islas Juan Fernández, en honor del navegante° español que las descubrió° en 1574. Allí no hay colonos° por doscientos años. El primer colono en Más-a-Tierra fue° Alejandro Selkirk que llega y permanece° solo de 1704 a 1709.

navigator;
    discovered
colonists

was; stays

¡Vive allí cinco años! ¡Finalmente es rescatado°! Selkirk se convierte° en la inspiración de Daniel Defoe para escribir su novela «Róbinson Crusoe».

saved

becomes

En 1966, el gobierno de Chile, en decreto oficial, cambia° el nombre de la isla Más-a-Tierra a Isla Róbinson Crusoe. Y a la segunda isla que se llamó Más-a-Fuera°, por estar a 500 millas de la costa, le dan el nombre de Alejandro Selkirk, el colono famoso.

changes

More to sea

Ahora, mira el mapa de Chile y encuentra la isla Róbinson Crusoe, hoy en día, uno de los diez y ocho parques nacionales chilenos y sin duda . . . ¡uno de los más bellos parques de Chile y de la América del Sur!

¿Comprendiste tú?

Lee las siguientes frases y respuestas. ¿Cuál es la respuesta intrusa°?　wrong answer
Escribe la letra apropiada en la columna izquierda.

___ 1. Róbinson Crusoe es...

    a. una isla   b. una novela c. una pista

___ 2. Un parque nacional es una área para conservar...

    a. la nación   b. la fauna   c. la flora

___ 3. Las islas Juan Fernández están llenas (*full*) de...

    a. contrastes b. gente   c. vegetación

___ 4. Juan Fernández, el descubridor (*discoverer*) de las islas, fue

    a. chileno   b. navegante c. español

___ 5. «Las aventuras de Róbinson Crusoe» describe la vida de un...

    a. colono   b. terreno   c. náufrago

Aumenta tu vocabulario

LA LECTURA

el periódico	*newspaper*
el artículo	*article*
las noticias	*news*
el cuento	*story*
los anuncios clasificados	*classified ads*
la sección editorial	*editorials*
el dibujo	*drawing*
la foto(grafía)	*photograph, picture*
la tira cómica	*cartoon*
el crucigrama	*crossword puzzle*
el horóscopo	*horoscope*
la novela	*novel*
la novela policiaca	*detective story*
la pieza de teatro	*play*
el autor	*author*
la intriga	*intrigue*
la trama	*plot*
el personaje	*character*

DIARIO LAS AMERICAS

NO ESCONDA LO QUE NECESITE VENDER.

ANUNCIELO EN LOS CLASIFICADOS DE DIARIO LAS AMERICAS.

ACTIVIDAD | 1

Describe y evalua tu periódico local (o el periódico de tu colegio). Da tu opinión de cada elemento que contiene tu periódico en el diagrama.

Nombre del periódico _____	Excelente	Muy bueno	Bueno	Mediocre	Malo
1. las noticias nacionales					
2. las noticias internacionales					
3. las noticias locales					
4. la sección deportiva					
5. los anuncios clasificados					
6. la página social					
7. las fotos					
8. las tiras cómicas					
9. la sección de teatro, cine y televisión					
10. la crítica literaria					
11. la sección de economía y finanzas					
12. la sección editorial					

ACTIVIDAD | 2

Imagina que eres el autor de una novela de ficción. Vas a hacer una trama. Lee las siguientes frases, y luego en una hoja de papel escribe lo que tú escoges (*choose*) en cada frase.

1. ¿Quién va a ser el personaje de tu novela?
   (tú, un náufrago, un aventurero, un profesor de tu colegio, un piloto, un robot)

2. ¿Dónde sucede (*happens*) la aventura?
   (en la América Central, en el Caribe, en Asia, en África, en Europa, otro lugar)

3. ¿Cuándo pasa la aventura?
   (en el año 1900, en el año 1986, en el año 2001, en el año 2500)

4. ¿Qué busca tu personaje o a quién busca?
   (un templo perdido, un objeto sagrado [*sacred*], un tesoro [*treasure*], un mapa, un extraterrestre, un prisionero)

5. ¿Qué obstáculos encuentra tu personaje?
   (un accidente de avión, un monstruo, unos bandidos, la erupción de un volcán, un terremoto [*earthquake*])

6. Tu personaje encuentra a un amigo (o a un enemigo). ¿Quién es el segundo personaje?
   (una señorita, un pirata, un detective, tu hermano, una amiga)

7. La conclusión es interesante. ¿Qué encuentra tu héroe?
   (el tesoro, el secreto, la riqueza [*wealth*], el romance, la fama)

10 | El béisbol

Estructura: el presente (*ir a* + infinitivo)

Si viajas por Puerto Rico, la República Dominicana, México, Nicaragua, Panamá o Venezuela, vas a ver muchos diamantes de béisbol. ¡Claro que sí! Es un deporte muy popular en el mundo hispano.

En efecto, si vas al Museo de Béisbol en Cooperstown, en el estado de Nueva York, vas a encontrar muchos nombres de origen hispano como Roberto Clemente, Lefty Gómez y otros. Si lees la sección deportiva de tu periódico local, vas a ver nombres como Luis Tiant, Fernando Valenzuela, Luis Aponte, Tony Armas, Dave Concepción, Tony Pérez, etc.

El béisbol se originó° en 1839 en Cooperstown, Nueva York. La primera Liga Nacional se formó° en 1876. Veinte y cuatro años más tarde en 1900 se formó su rival la Liga Americana.

originated

was formed

No se sabe exactamente cómo este juego se extendió° a   spread
España y a los países latinoamericanos. Pero en 1943 se fundó°   was founded
la Federación Española de Béisbol en Madrid. Actualmente°,   Currently
México tiene tres ligas de béisbol: la Liga Mexicana, la Liga
Central y la Liga del Sureste.

La popularidad de este deporte de origen norteamericano
se debe° a que el béisbol es un deporte de equipo pero...   is due
también es un deporte donde el individuo puede lucirse°. Para   excel
muchos jóvenes hispanos el béisbol ofrece la oportunidad de
triunfar como individuo. Para los aficionados, el béisbol es un
deporte que requiere° mucha habilidad°.   requires; skill

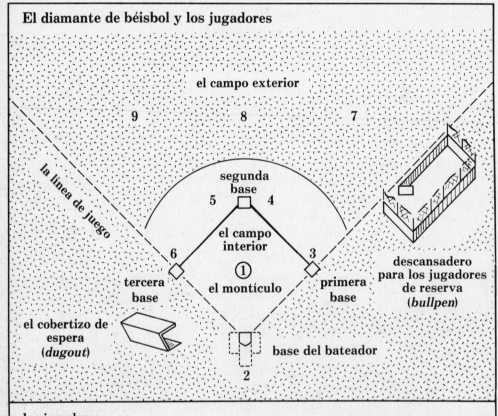

El diamante de béisbol y los jugadores

el campo exterior

9   8   7

la línea de juego

segunda base

5   4

el campo interior

6   3

el montículo

①

tercera base   primera base

descansadero para los jugadores de reserva (*bullpen*)

el cobertizo de espera (*dugout*)

base del bateador

2

los jugadores

1. el lanzador
2. el cátcher
3. el jugador de primera base
4. el jugador de segunda base
5. el shortstop

6. el jugador de tercera base
7. el jardinero derecho
8. el jardinero del centro
9. el jardinero izquierdo

el casco protector

el uniforme

la pelota

el guante

el bate

Vocabulario del Juego

El puntaje

la primera base	*single*
la segunda base	*double*
la tercera base	*triple*
un jonrón	*home run*
el gran golpe	*grand slam*
un punto	*run*
un punto extra	*run batted in*

La técnica del lanzador y de la defensa

una pelota	*ball*
una pelota pasada	*strike*
una pelota rápida	*fast ball*
una pelota curva	*curve ball*
una pelota clavada	*sinker ball*
una pelota cedida	*knuckle ball*
una pelota chisporroteada	*spit ball*
un lanzamiento libre	*wild pitch*
echar a un jugador de la base	*to make an out*
sacar fuera a dos jugadores	*to make a double play*
un error	*error*

La técnica del bateador

un batazo	*hit*
un empellón	*bunt*
una pelota en base	*base on balls*
una pelota horizontal	*liner*
una pelota rodada	*grounder*
una pelota disparada	*pop fly*
un mal pelotazo	*foul ball*

¿Comprendiste tú?

Un oficial de la marina (*navy*) norteamericana está considerado como el autor de la primera reglamentación (*rulebook*) del béisbol. Para saber el apellido del oficial completa las siguientes frases.   Mete las letras en los espacios en blanco apropiados:

1. El campo de béisbol es un ☐ _ _ _ _ _ _ _.

2. A veces puedes mirar los _ _ _ _ ☐ _ _ de béisbol en la televisión.

3. En un equipo de béisbol hay _ ☐ _ _ _ jugadores.

4. La primera, la segunda y la tercera son ☐ _ _ _ _.

5. En los Estados Unidos hay dos ☐ _ _ _ _ profesionales de béisbol.

6. Para jugar es necesario tener un _ _ _ ☐ y una pelota.

7. En Madrid existe la _ _ ☐ _ _ _ _ _ _ _ Española de Béisbol.

8. Muchos jugadores de béisbol en los Estados Unidos son de origen _ _ _ _ ☐ _ _.

9. En el mes de _ _ ☐ _ hay muchos partidos de béisbol porque hace buen tiempo.

```
 ___ ___ ___ ___ ___ ___ ___ ___ ___
  1   2   3   4   5   6   7   8   9
```

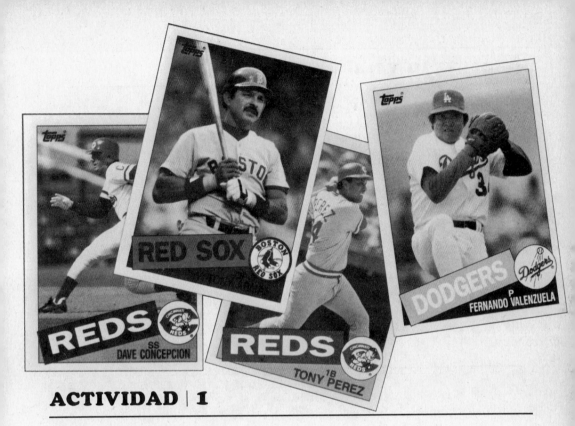

ACTIVIDAD | 1

Da los nombres en inglés de estos equipos:

LIGA AMERICANA

División Este
Los Tigres de Detroit
Los Yankis de Nueva York
Los Indios de Cleveland
Los Azulejos de Toronto
Los Medias Rojas de Boston
Los Orioles de Baltimore
Los Cerveceros de Milwaukee

División Oeste
Los Angelinos de California
Los Reales de Kansas City
Los Mellizos de Minnesota
Los Atléticos de Oakland
Los Rancheros de Texas
Los Medias Blancas de Chicago
Los Marineros de Seattle

LIGA NACIONAL

División Este
Los Filis de Filadelfia
Los Piratas de Pittsburg
Los Cardinales de San Luis
Los Expos de Montreal
Los Mets de Nueva York
Los Cachorros de Chicago

División Oeste
Los Gigantes de San Francisco
Los Bravos de Atlanta
Los Padres de San Diego
Los Dodgers de Los Ángeles
Los Astros de Houston
Los Rojos de Cincinnati

Aumenta tu vocabulario

El pronóstico del tiempo (*Weather forecast*)

Hace buen tiempo	*The weather is fine (good).*
Hace mal tiempo.	*The weather is bad.*
Hace sol.	*It's sunny.*
Hace viento.	*It's windy.*
Hace frío.	*It's cold.*
Hace calor.	*It's hot. It's warm.*
Está brumoso.	*It's foggy.*
Está nublado.	*It's cloudy.*
Está congelado.	*It's freezing cold.*
Llueve.	*It's raining. It rains.*
Nieva.	*It's snowing. It snows.*

El Tiempo, hoy

—40 Grados en Mexicali—

ACTIVIDAD | 2

Describe el tiempo que hace en tu región:

1. hoy
2. en enero
3. en agosto
4. en mayo
5. en octubre

ACTIVIDAD | 3

Lee las siguientes frases, y luego indica el tiempo usando una de las expresiones del vocabulario.

> **Modelo:** Marcos va a la playa. Va a nadar.
> *Hace buen tiempo. (Hace sol.)*

1. La señora va a salir. Lleva un paraguas (*umbrella*).
2. Isabel se asoma (*looks out*) a la ventana. El suelo (*ground*) está blanco, los árboles están blancos, las casas están blancas . . . Todo está blanco.
3. Atención pasajeros: el vuelo (*flight*) no va a salir a tiempo.
4. Enrique es un experto en la plancha (*wind-surfing*). Hoy él va muy rápido.
5. La familia va a tener un picnic. ¡Qué día más perfecto!
6. El Sr. Romo conduce (*drives*) con mucho cuidado. Él presta atención (*pays attention*) porque la visibilidad es muy mala.
7. ¡Qué lástima! Tenemos boletos (*tickets*) para el partido de béisbol pero el partido fue cancelado (*was cancelled*).
8. ¡Qué pena! Hoy no podemos sacar fotografías de ese bello paisaje (*landscape*). ¡Qué lástima!

SEGUNDO NIVEL

Preparación para la lectura

El vocabulario siguiente está en el texto que vas a leer. Nota el significado (*meaning*) de estas palabras.

un asiento

Un **asiento** es un lugar para sentarse.

Hay cuatro tipos de **asientos** en una corrida de toros:

Sol   En este asiento da el sol. Hace mucho calor y por eso es el asiento más barato (*cheapest*) en la plaza de toros.

Sombra   En este asiento hay sombra. Hace fresco. Es un asiento caro (*expensive*) en la plaza de toros.

Sol y Sombra   En este asiento primero da el sol, pero después hay sombra. Es un asiento de precio moderado.

Palco   El **palco** es un asiento que está muy alto en la plaza de toros. Es el asiento más caro.

una ganadería

Una **ganadería** es un rancho de toros (*bulls*) y vacas (*cows*). Allí hay cría (*breeding*) de toros.

Hay muchas **ganaderías** en España.

«¡Olé!»

¡Olé! es el grito de la gente en las corridas.

El público grita (*shouts*) ¡**olé**! en alta voz (*aloud*).

la temporada taurina

La **temporada taurina** consiste de los meses del año cuando hay corridas.

En México la **temporada taurina** empieza en marzo y termina en octubre.

11 | La corrida

Estructura: *ir a* + infinitivo

Madrid, 20 de marzo

Querido Carlos:

Estamos muy contentos que vas a visitarnos. Juan José y yo vamos a ir a Barajas° a recibirte° el sábado. Ya tenemos muchos planes para ti. El domingo vamos a llevarte a la corrida de toros. Al principio°, no sabíamos qué billete° comprar. El billete de los asientos de Sol es el más barato pero los asientos son duros°. Sombra es el billete más caro. Por eso compramos los billetes de Sol y Sombra que tienen precio moderado.

    Del aeropuerto, primero, vamos a ir a casa. Todo el mundo quiere verte otra vez. Mañana todos vamos a ir a la plaza de toros°. ¿Sabes que tú llegas exactamente al principio de la temporada taurina? La temporada dura desde marzo hasta octubre.

    La corrida que vamos a ver es un evento especial porque va a tener toreros° famosos y toros de las mejores ganaderías de España. En el palco presidencial va a estar el alcalde° de la ciudad. Queremos llegar a tiempo para poder ver el paseíllo° y escuchar la música. Pienso que la corrida va a ser fenomenal.

    A propósito°, el billete para la corrida es nuestro regalo de cumpleaños para ti. Por favor, no insistas en pagar. Mi hermana Marité va a comprarte dos carteles° de la corrida para tu cuarto. ¡Es otro regalo de cumpleaños! De veras vamos a divertirnos°. ¡Olé!

    Hasta pronto, Carlos... ¡Buen viaje!

Un abrazo,

Fernando

	Madrid airport; to meet you
	At first; ticket
	hard
	bullring
	bullfighters
	mayor opening parade
	By the way
	posters
	to have fun

la muleta

el traje de luces

las banderillas   un torero

el estoque

¿Comprendiste tú?

Di si las frases siguientes son ciertas o falsas. Si son falsas, explica el porqué.

Cierto	Falso	
☐	☐	1. La corrida de toros no es popular en España.
☐	☐	2. Esta corrida tiene lugar en la plaza de toros de Madrid.
☐	☐	3. Los asientos de Sol son duros.
☐	☐	4. La Sombra es el billete más barato.
☐	☐	5. El Sol es el billete más caro.
☐	☐	6. Sol, Sombra y Sol y Sombra son tres tipos de asientos.
☐	☐	7. La temporada taurina es de marzo a octubre.
☐	☐	8. Todas las corridas tienen toreros famosos.
☐	☐	9. El palco presidencial es para la gente importante.
☐	☐	10. En la plaza de toros venden carteles de cada corrida.

Aumenta tu vocabulario

Una plaza de toros

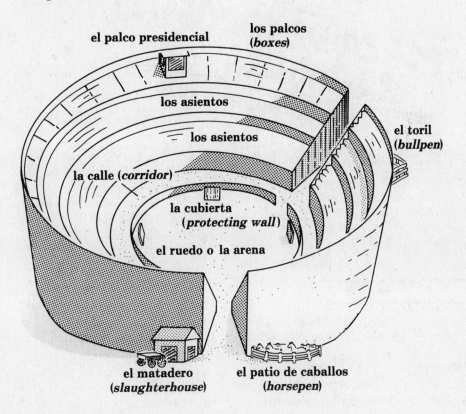

el palco presidencial

los palcos (*boxes*)

los asientos

los asientos

el toril (*bullpen*)

la calle (*corridor*)

la cubierta (*protecting wall*)

el ruedo o la arena

el matadero (*slaughterhouse*)

el patio de caballos (*horsepen*)

Los adjetivos que terminan en -oso(a)

Algunos adjetivos españoles que terminan en **-oso(a)** corresponden a los adjetivos ingleses que terminan en *-ous.* Por ejemplo:

ambicioso(a)	*ambitious*	pomposo(a)	*pompous*
curioso(a)	*curious*	famoso(a)	*famous*
generoso(a)	*generous*	estudioso(a)	*studious*
supersticioso(a)	*superstitious*	precioso(a)	*precious*

Otros adjetivos que terminan en **-oso(a)** no son cognados:

cariñoso(a)	*affectionate*	bondadoso(a)	*kind*
amoroso(a)	*loving*	hermoso(a)	*beautiful*
perezoso(a)	*lazy*	vanidoso(a)	*conceited, vain*

Empresa: JUSTO OJEDA, S. A.

VENTA DE ABONOS PARA LA TEMPORADA 1985

PLAZA DE TOROS DE ZARAGOZA

21 ESPECTACULOS TAURINOS DE ABONO
8 CORRIDAS DE TOROS, 1 DE REJONES, 6 NOVILLADAS PICADAS y 6 SIN CABALLOS

6 de Abril
SABADO
SANTO

NOVILLADA
SIN CABALLOS

para BLAS FERNANDEZ
"GALLITO DE ALFARO"
MANUEL DIAZ "MANOLO"
JUAN CARLOS DEL RIO

8 de Abril
LUNES
DE PASCUA

CORRIDA DE PASCUA.
EXALTACION DEL
TOREO ARAGONES

para el número 1 del Rejoneo Español,
D. MANUEL VIDRIE
y los matadores aragoneses
RAUL ARANDA
JUSTO BENITEZ
JUAN RAMOS

ACTIVIDAD | 1

Completa las frases siguientes con los adjetivos correspondientes
que terminan en **-oso(a)**.

1. (*curious*)   El chico es muy...
2. (*generous*)   La señora es ... con sus amigas.
3. (*famous*)   «Menudo» es un grupo de músicos...
4. (*superstitious*) ¿Por qué es Isabel tan ...?
5. (*furious*)   ¡Qué toro más ...!
6. (*studious*)   Toda la clase es muy...

ACTIVIDAD | 2

Empareja (*Match*) las dos columnas. Mira el diagrama de la plaza de
toros una vez más.

___ 1. el asiento especial   a. el ruedo
___ 2. el lugar para protección   b. el toril
___ 3. el corredor   c. la calle
___ 4. la parte del centro   d. el palco
___ 5. el lugar donde están los toros   e. la cubierta

ACTIVIDAD | 3

Imagina que tu amigo viene de España y va a visitarte por una semana. Escríbele un párrafo corto en una postal (*post card*) sobre los planes que tú tienes para él.

Preparación para la lectura

Las siguientes palabras están en el texto que vas a leer. Nota el significado de estas palabras.

la moneda

> La **moneda** es el dinero de un país y puede ser de papel o de metal.
> El dólar es la **moneda** de los Estados Unidos.

un lujo

> Un **lujo** es un sinónimo de elegancia.
> Es un **lujo** tener muchos teléfonos en una casa hispana.

una llamada de larga distancia

> Una **llamada de larga distancia** es la llamada telefónica de un lugar a otro lugar muy lejos.
> De Boston a Nueva York es una **llamada de larga distancia**.

una tarjeta de crédito

> Una **tarjeta de crédito** es una tarjeta plástica que se usa como dinero.
> Muchas personas usan **tarjetas de crédito** para pagar las cuentas (*bills*).

una tarifa mensual

> La **tarifa mensual** es el precio que se paga cada mes por una cosa o un servicio.
> La **tarifa mensual** de teléfonos en los países hispanos es alta.

12 | El teléfono

Estructura: el presente

En los Estados Unidos pensamos que el teléfono es parte de nuestra vida diaria. ¡Es una necesidad! Si el teléfono no funciona nos sentimos incómodos°: Casi todo el mundo tiene teléfono.

uncomfortable

En muchos países hispanos, el teléfono es todavía un lujo o por lo menos es un aparato especial que usan los adultos para conversaciones importantes.

En las grandes ciudades hispanas hay muchos teléfonos y ahora es parte de la vida diaria, pero...en los pueblos pequeños los teléfonos son escasos°. scarce

Aquí está una comparación de los teléfonos en los Estados Unidos y en el mundo hispano:

Los Estados Unidos	Los Países Hispanos
• Muchas familias tienen teléfono y extensiones.	• Hay un teléfono y no tienen extensiones.
• Hay muchísimos teléfonos públicos. Toman moneda o toman tarjetas de crédito.	• No hay muchos teléfonos públicos. Algunos toman fichas telefónicas. No se toman tarjetas de crédito.
• Los números de teléfono tienen siete dígitos. Por ejemplo: 334-5678	• Los números de teléfono generalmente tienen seis dígitos, y son de dos en dos. Por ejemplo: 33-44-56. En unas ciudades grandes tienen siete dígitos.
• Los aparatos son de colores y diseños variados.	• Por lo general, los teléfonos son de un mismo estilo.
• Las guías telefónicas blancas están organizadas por apellido en orden alfabético. Hay páginas amarillas.	• Las guías telefónicas blancas están organizadas por apellido en orden alfabético. Además hay guía por calle. También hay páginas amarillas.
• La tarifa mensual es baja.	• La tarifa mensual es alta. El servicio telefónico es caro.
• Es fácil hacer llamadas de larga distancia.	• Es difícil hacer llamadas de larga distancia. A veces se tiene que esperar mucho porque la telefonista tiene que establecer contacto.

Ahora tú sabes un poco sobre las semejanzas° y diferencias del uso del teléfono. similarities

Vocabulario telefónico

una guía

un aparato

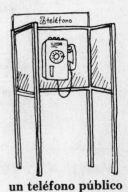

un teléfono público

¿Comprendiste tú?

Indica si las frases siguientes son ciertas o falsas. Si son falsas,
explica el porqué.

Cierto	Falso	
☐	☐	1. En los Estados Unidos los teléfonos son de colores y de diseños muy variados.
☐	☐	2. En los Estados Unidos el teléfono es parte de nuestra vida diaria.
☐	☐	3. En los pueblos pequeños del mundo hispano hay muchos teléfonos.
☐	☐	4. En los países hispanos los niños usan mucho el teléfono.
☐	☐	5. Muchas familias hispanas tienen teléfonos con extensiones.
☐	☐	6. En el mundo hispano, los números de teléfono siempre tienen siete dígitos.
☐	☐	7. En los teléfonos públicos norteamericanos se puede usar moneda o tarjeta de crédito.
☐	☐	8. Cuesta menos tener servicio telefónico en los Estados Unidos que en el mundo hispano.
☐	☐	9. Las guías telefónicas hispanas son blancas o amarillas.
☐	☐	10. Los países hispanos tienen guías telefónicas por apellido y por calle.

CONSEJOS PRACTICOS PARA EL USO DEL TELEFONO

ANTES DE MARCAR

LO QUE **DEBE** HACER

CONSULTAR LA GUIA
Si no conoce con exactitud el número con el que desea comunicar.

DESCOLGAR Y ESPERAR TONO
Percibirá una señal acústica continua y uniforme.

LO QUE **NO** DEBE HACER

CONFIAR EN SU MEMORIA
Una llamada equivocada hace perder el tiempo a usted y a quien la recibe.

GOLPEAR EL SOPORTE
Cada vez que lo hace puede demorar la llegada del •tono parar marcar•.

Aumenta tu vocabulario

el auricular   *the receiver*
El **auricular** no funciona.

la cabina telefónica   *the phone booth*
Superman se cambia de ropa en una **cabina telefónica**.

colgar (ue)   *to hang up*
Después de hablar debes **colgar** el teléfono.

estar equivocado de número   *to dial the wrong number*
La señora **está equivocada de número**.

hacer una llamada   *to call*
   hacer una llamada de cobro revertido   *to call collect*
   Nunca **hago llamadas de cobro revertido**.
   hacer una llamada común   *to call station-to-station*
   hacer una llamada de persona a persona   *to call person-to-person*
   Es más económico **hacer una llamada común** que llamar
      de persona a persona, ¿verdad?

marcar un número   *to dial a number*
Para hacer una llamada, se tiene que **marcar el número**.

ocupado   *busy*
Cuando hay jóvenes en la casa el teléfono siempre está **ocupado**.

sonar (ue)   *to ring*
En la oficina el teléfono **suena** constantemente.

el (la) operador(a)   *telephone operator*
Para obtener información debes llamar al **operador**.

la zona telefónica   *area code*
La **zona telefónica** de la ciudad de Nueva York es 212.

Hay diferentes maneras de contestar el teléfono. Generalmente se usan en la mayoría de los países hispanos:

Pero se dice . . .

Diga o **Dígame**   en España

A ver   en Colombia

Bueno   en México

¿Qué hay? o **Oigo**   en el Caribe

¡Hola!   en la Argentina

ACTIVIDAD | 1

Contesta las siguientes preguntas:

1. ¿Cuál es tu número de teléfono?
2. ¿Cuántos teléfonos tiene tu familia?
3. ¿Cuántos dígitos tiene tu número de teléfono?
4. ¿Qué contiene tu guía telefónica?
5. ¿Cuánto cuesta una llamada local en un teléfono público?
6. ¿Suena tu teléfono frecuentemente? ¿Quién te llama?
7. ¿Qué dices si marcas un número equivocado (*wrong*)?
8. ¿A quién llamas si no sabes el número de teléfono de una persona?
9. ¿Haces llamadas de cobro revertido? ¿A quién?
10. ¿Quieres tener tu propio (*own*) teléfono? ¿Por qué? ¿Por qué no?

ACTIVIDAD | 2

Lee el texto y el vocabulario una vez más. Completa las siguientes frases con las palabras apropiadas.

1. En ☐ _ _ _ _ _ la gente contesta «diga» en el teléfono.

2. En los pueblos _ _ ☐ _ _ _ _ _ _ hispanos los teléfonos públicos son escasos.

3. Las ciudades hispanas tienen _ ☐ _ _ por apellido y calle.

4. Para contestar el teléfono levantas el _ _ _ _ ☐ _ _ _ _ _ .

5. En Colombia la gente contesta «_ ☐ _ _» en el teléfono.

6. En la Argentina la gente contesta «_ ☐ _ _» en el teléfono.

7. Necesitas fichas para algunos teléfonos _ _ _ _ _ _ ☐ _ _ .

8. Los hispanos generalmente dicen «¿☐ _ _ _?» cuando contestan el teléfono.

9. Las llamadas de larga ☐ _ _ _ _ _ _ _ _ _ son caras.

10. En México la gente contesta «_ _ _ _ ☐ » en el teléfono.

COMPAÑIA DE TELEFONOS DE CHILE S.A.

MARCANDO FUTURO

ACTIVIDAD | 3

Con las letras de los cuadrados de la Actividad 2, busca la palabra
correcta que completa este diálogo telefónico.

—¿Aló?
—Aló, quiero hablar con el señor Botero, por favor.
—Aquí no vive ningún señor Botero.
—¿Cómo? ¿Es este el 45-68-20?
—No. Lo siento. Ud. está _1_ _2_ _3_ _4_ _5_ _6_ _7_ _8_ _9_ _10_
  de número.

GUIA TELEFONICA

MADRID

TOMO 2.°
SECCION
ALFABETICA

L-Z

TELEFONOS PARA CASOS URGENTES
Y SERVICIOS DE LA COMPAÑIA
(CONSULTE LAS PAGINAS INFORMATIVAS DEL TOMO 1.°)

NO CORRA
TODO
LO QUE
UD.
DESEA

ESTA EN LAS
PAGINAS
AMARILLAS

BUSCA
ALGO?

ALIMENTOS
BALANCEADOS ?

EN LAS PAGINAS
AMARILLAS HAY
DE TODO !

LO MEJOR
DE LO
MEJOR

ESTA
EN
LAS
PAGINAS
AMARILLAS

Preparación para la lectura

Las palabras siguientes están en el texto que vas a leer. Nota el significado de estas palabras.

tener razón

> **Tener razón** significa tener la respuesta correcta o una solución.
>
> Juanita **tiene razón,** debemos mantener el peso correcto.

tener éxito

> **Tener éxito** quiere decir obtener un resultado feliz de un negocio o situación.
>
> Pedro **tiene éxito** en su trabajo.

tener hambre

> **Tener hambre** significa que necesita comer.
>
> Es el mediodía y **tenemos hambre.**

preocuparse

> **Preocuparse** significa pensar mucho en algo muy serio.
>
> El presidente **se preocupa** por la economía del país.

una encuesta

> Una **encuesta** es el grupo de opiniones que se obtienen con un cuestionario.
>
> La **encuesta** indica que es necesario tomar el desayuno para tener energía.

una merienda

> Una **merienda** es una comida ligera que se toma por la tarde.
>
> Si tomo la **merienda,** ya no puedo cenar.

¡La salud° es más importante!

Estructura: el presente de los verbos regulares e irregulares; los infinitivos

health

A veces, ¿piensas que tú eres la única° persona que está a dieta o que deseas adelgazar° o que quieres mantener el peso° correcto? ¡No es cierto! ¡Tú no tienes razón! Casi un 60% de la gente se preocupa sobre el peso, las calorías y la salud.

only
to lose weight;
weight

Los jóvenes de hoy desean ser delgados, esbeltos° y atractivos. Sin embargo°, nadie debe de escoger° entre la salud y la apariencia física. Sin duda alguna, la salud es más importante.

slender
Nevertheless;
to choose

Las encuestas indican que los jóvenes desean mantener el peso correcto. Vamos a entrevistar° a cuatro jóvenes estudiantes que tienen éxito manteniendo el peso y controlando las calorías. Vamos a descubrir su secreto.

to interview

Lucía (15 años)
¿Mi secreto? Es la moderación. Solamente como tres comidas: el desayuno, el almuerzo y la cena. ¡Como todo, no repito° y nunca como entre comidas.

I don't have seconds

Teresa (17 años)
¡Me gusta comer! No hay placer sin comer. Tomo el desayuno, el almuerzo, la merienda y la cena. ¿Y mi secreto? ¿Quieres saberlo? Bien, nunca como dulces°. Detesto los dulces.

sweets

Daniel (16 años)
¡Como todo y como mucho! Siempre tengo hambre. Mi dieta es el comer. No estoy gordo...no necesito adelgazar. ¿Mi secreto? Hago ejercicios. Juego al fútbol y al tenis. Monto° en bicicleta y camino mucho. Me encantan los deportes.

I ride

Enrique (17 años)
Para mí no es fácil mantener el peso correcto. No quiero ser gordo. Por eso, mi cena es ligera°. Si quiero comer entre las ocho y las diez de la noche, yo como frutas. Necesito comer para crecer°. Es importante ser saludable° y tener energía.

light

to grow; healthy

Y ahora, algunas preguntas personales:

- ¿Piensas que un joven elegante debe ser delgado?
- ¿Piensas que una joven elegante debe ser delgada?
- ¿Estás a dieta?
- Según tú, ¿cuál es el mejor método de mantener el peso correcto y ser saludable?

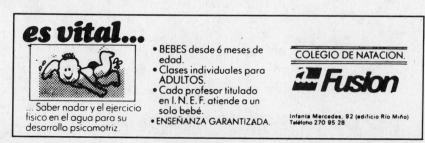

¿Comprendiste tú?

Para indicar si comprendiste o no, responde a las siguientes preguntas. Las preguntas se refieren a los cuatro jóvenes entrevistados: Lucía, Teresa, Daniel y Enrique. Presta atención porque para ciertas preguntas varias respuestas son posibles.

1. ¿Quién mantiene el peso correcto?
2. ¿Quién toma tres comidas regularmente?
3. ¿Quién no come nada entre comidas?
4. ¿Quién detesta los dulces?
5. ¿Quién hace ejercicios?
6. ¿Quién cena ligeramente?
7. ¿Quién piensa que es importante tener energía?

Aumenta tu vocabulario

EL PESO Y LAS MEDIDAS

la silueta *figure*
la línea *waistline*

Se puede ser:

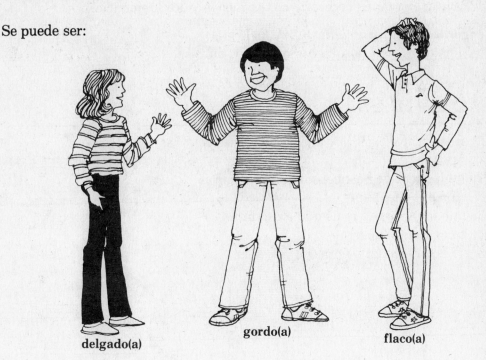

delgado(a)   gordo(a)   flaco(a)

Una persona que **conserva la línea** es una persona que mantiene el peso correcto.

el peso *weight*
pesar *to weigh*
   Pepe **pesa** 80 kilos. Ana **pesa** 54 kilos.

pesarse *to weigh oneself*
   Para **pesarse** se necesita una báscula (*scale*).

Nota: En el sistema métrico, un kilo = 2,2 libras americanas

la talla *height*
medir(i) *to be… tall*
   Pedro **mide** un metro 80 (5 pies 11 pulgadas).
   Beatriz **mide** un metro 60 (5 pies 6 pulgadas).

la dieta *diet*
estar a dieta *to be on a diet*
   Margarita **está a dieta**.

adelgazar *to lose weight, to get thin*
   Para **adelgazar** es necesario comer menos y hacer ejercicio.

engordar *to gain weight, to get fat*
   Martín **engorda** porque come muchos dulces.

ACTIVIDAD | 1

Describe la apariencia física de las siguientes personas.

1. un jugador de básquetbol que tú admiras
2. tu mejor amigo(a)
3. una jugadora de tenis que tú admiras
4. tu cantante favorito
5. tu actor (actriz) favorito(a)

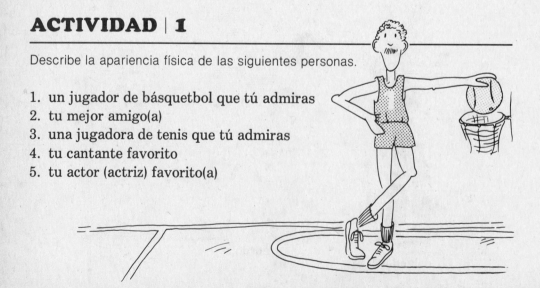

ACTIVIDAD | 2

Para ser saludable es necesario comer bien. Algunos alimentos (*foods*) son mejores que otros porque contienen algo especial. Haz el crucigrama siguiente para saber que contienen los alimentos.

1. A Marisa le gusta . . . la linea.
2. La apariencia . . . es importante.
3. Muchos jóvenes están a . . .
4. El antónimo de engordar es . . .
5. Es importante comer tres . . . al día.
6. Un sinónimo de figura es . . .
7. Para tener . . . es necesario comer.
8. Juan no es gordo. Es . . .
9. El chocolate y otros . . . tienen muchas calorías.

ACTIVIDAD | 3

Describe cómo te conservas saludable. Incluye tipos de comidas, ejercicios, dietas, etc.

Preparación para la lectura

Las palabras siguientes están en el texto que vas a leer. Nota el significado de estas palabras.

un museo

> Un **museo** es un lugar donde hay objetos notables de las ciencias o de las artes.

una exposición

> Una **exposición** es la presentación pública de obras (*works*) de arte.

un pintor

> Un **pintor** es un artista que hace **cuadros** (*pictures*). Trabaja con un **pincel** (*brush*) y con **pintura** (*paint*).
> Un **pintor** puede pintar **retratos** (*portraits*) y puede pintar **paisajes** (*landscapes*).

una obra maestra (*masterpiece*)

> Una **obra maestra** es una obra muy bella. Es una obra sin igual.

un escultor

> Un **escultor** es un artista que hace **esculturas**. Él trabaja con materiales como el metal o la piedra (*stone*).

un diseñador

> Un **diseñador** (*designer*) es una persona que hace diseños (*illustrations, designs*). Un **diseñador** de modas (*fashions*) trabaja para una casa de modas.

14 Una pintura enigmática

Estructura: el presente progresivo

Para el turista que llega a Madrid, visitar El Prado es un placer°. ¿Qué es El Prado? Es uno de los más famosos museos de Europa y del mundo. El Museo del Prado, situado en el corazón° de Madrid, es la residencia de muchísimas obras de arte. Quizás, la obra más famosa es «Las Meninas» de Diego Velázquez.

    «Las Meninas», que se llamó al principio «La Familia Real»°, es una pintura artísticamente perfecta y llena° de enigmas. Al observar esta obra maestra pintada por Velázquez en 1656, primero, tú piensas que es un retrato de la Infanta Margarita, la hija de los reyes°. Pero, luego tú te das cuenta° de que la Infanta está en el estudio del artista y que en la parte izquierda de la pintura está el mismo° Velázquez.

°pleasure

°heart

°royal; full

°king and queen; realize

°himself

¿Están mirando Velázquez y la Infanta a los observadores de la pintura? ¡No! Ambos° están mirando el cuadro que Velázquez está pintando. Si tú miras la pintura otra vez con mucha atención, tú te das cuenta de que hay un espejo° en la pared°. En el espejo tú puedes ver dos figuras en el cuadro. Estas dos figuras son el rey de España, Felipe IV y su segunda esposa la Reina° Mariana de Austria. ¡Son los padres de la Infanta!

«Las Meninas» es realmente un retrato de Velázquez, el pintor, pintando un cuadro del rey y la reina de España. En ese momento, la Infanta, las damas de honor de la Infanta que son las Meninas, el perro de la Infanta, el enano° de la corte° y otros cortesanos están visitando el estudio del pintor.

En el Museo del Prado hay un gran espejo en la pared opuesta° donde se exhibe «Las Meninas». Al entrar en la sala de exhibición, el observador o visitante siente como si él también está entrando en el estudio de Velázquez. Así, puede apreciar lo enigmático de «Las Meninas» que es la relación entre el pintor, el tema y el espectador. Además, el uso y efecto del espejo, de la luz° y de la sombra° reflejan° la perspectiva tridimensional y la profundidad que logró° Velázquez.

«Las Meninas» fue fuente de inspiración para otros pintores famosos como Goya, quien pintó otro cuadro «Las Meninas» en 1778 y Picasso que pintó 44 variaciones del tema de «Las Meninas» en 1957 que ahora se están exhibiendo en el Museo Picasso en Barcelona. Manet, el pintor francés, al ver por primera vez «Las Meninas» de Velázquez, exclamó con mucha admiración:—No sé por qué el resto de nosotros pintamos—, indicando así que «Las Meninas» es la obra maestra de todos los tiempos.

both

mirror
wall

queen

dwarf; court

opposite

light; shadow;
reflect
succeeded in
depicting

Courtesy, Museo Picasso de Barcelona

¿Comprendiste tú?

Completa las frases con las palabras correctas y luego búscalas en el siguiente buscapalabras. ¡Presta atención! (Nota: Todas las palabras están en el texto que acabas de leer.)

1. la capital de España: __ __ __ __ __ __
2. museo famoso español: __ __ __ __ __ __
3. el nombre de Velázquez: __ __ __ __ __
4. la hija de los reyes: __ __ __ __ __ __ __
5. sinónimo de cuadro: __ __ __ __ __ __ __
6. donde uno se puede mirar a sí mismo: __ __ __ __ __ __
7. nombre de un rey de España: __ __ __ __ __ __
8. la esposa de un rey: __ __ __ __ __
9. país de Europa: __ __ __ __ __ __ __
10. animal doméstico: __ __ __ __ __
11. lo contrario de oscuridad (*darkness*): __ __ __
12. el lugar de trabajo de un artista: __ __ __ __ __ __
13. pintura de una persona: __ __ __ __ __ __ __
14. personas de la corte de un rey: __ __ __ __ __ __ __ __ __
15. otra palabra para tópico: __ __ __ __ __
16. ciudad española cosmopolita: __ __ __ __ __ __ __ __ __
17. pintor español extraordinario del siglo XX: __ __ __ __ __ __ __
18. famoso pintor francés: __ __ __ __ __ __

```
B  A  R  C  E  L  O  N  A  O  M  C  E
T  P  I  N  T  U  R  A  C  D  A  O  M
E  E  N  R  E  S  P  E  J  O  D  R  A
M  R  F  C  H  D  A  S  U  C  R  T  R
A  R  A  M  A  N  E  T  E  H  I  E  Y
F  O  N  T  Y  O  M  E  N  A  D  S  T
E  S  T  U  D  I  O  L  T  E  L  A  P
L  B  A  U  S  T  R  I  A  I  S  N  R
I  R  E  T  R  A  T  O  L  U  Z  O  A
P  I  C  A  S  S  O  M  A  S  O  S  D
E  D  I  E  G  O  Y  R  E  I  N  A  O
```

ACTIVIDAD | 1

Para descubrir el nombre de un gran pintor surrealista español, busca las palabras que corresponden a las definiciones siguientes. Mete las letras numeradas en los espacios numerados y lee el nombre de este pintor del siglo XX.

1. Cuadro que representa el campo: _ _ _ _ _ _ _
   ₁

2. Un instrumento que usa el pintor: _ _ _ _ _ _
   ₄

3. Persona que hace diseños: _ _ _ _ _ _ _ _ _
   ₃

4. Una obra de arte muy bella: _ _ _ _ _ _ _ _ _ _ _
   ₂ ₅

5. Persona que hace esculturas: _ _ _ _ _ _ _ _
   ₇

6. Presentación pública de obras de arte: _ _ _ _ _ _ _ _ _ _
   ₆ ₈

_ _ _ _ _ _ _ _
1 2 3 4 5 6 7 8

Aumenta tu vocabulario

El presente progresivo

El presente progresivo se forma de la siguiente manera:

   el presente de **estar** + el participio presente del verbo

Para formar el participio presente, reemplaza la terminación de los verbos:

   -ar ⟶ -ando
   -er o -ir ⟶ -iendo

Ahora, nota las formas de los verbos en español y la traducción al inglés:

Yo **estoy trabajando** mucho.	*I **am working** a lot.*
Tú **estás aprendiendo** inglés.	*You **are learning** English.*
Juan **está estudiando** francés.	*John **is studying** French.*
Estamos viviendo en Chicago.	*We **are living** in Chicago.*

ACTIVIDAD | 2

Carmen llama por teléfono a sus amigos. Ella quiere ir en grupo al museo para ver una exposición famosa. Desgraciadamente (*unfortunately*) sus amigos están ocupados. Di lo que cada uno está haciendo. Usa el presente progresivo.

1. (estudiar)   Yo...para un examen de matemáticas.
2. (mirar)   Julián...un programa especial de televisión.
3. (comprar)   Pepito...una chaqueta.
4. (tomar)   Marisol...una clase de diseño.
5. (practicar)   Carlos y Mercedes...para el drama.
6. (escribir)   Eduardo...un informe (*report*) de inglés.
7. (recibir)   Claudia...una clase de piano.
8. (asistir)   Felipe...a un concierto.

ACTIVIDAD | 3

Contesta las siguientes preguntas:

1. ¿Qué clase de arte ofrece tu colegio? ¿pintura, escultura, diseño...? ¿Cuáles?

2. ¿Qué reproducciones de obras de arte hay en tu sala de clase? ¿en tu casa? ¿en tu cuarto? ¿Qué representan estas obras de arte?

3. ¿Qué te gusta más: los retratos o los paisajes? ¿Quién es tu pintor favorito?

4. ¿Visitas un museo a menudo? ¿Por qué o por qué no? ¿Qué clase de exposiciones hay en ese museo?

5. ¿Vas a pintar tu cuarto este verano? ¿Qué color vas a escoger?

Preparación para la lectura

Las palabras siguientes están en el texto que vas a leer. Nota el significado de estas palabras.

la víspera

> La **víspera** es el día anterior de un día festivo.
>
> El cinco de enero es la **víspera** del Día de los Reyes Magos (*Feast of the Three Kings*).

un desfile

> Un **desfile** es una clase de parada o procesión.
>
> En un **desfile** militar los soldados marchan en las calles.

un baile de disfraces

> Un **baile de disfraces** es un baile donde todas las personas representan algo o alguien que no son.
>
> Siempre hay **bailes de disfraces** durante el carnaval.

la culminación

> La **culminación** es el fin de una fiesta o evento.
>
> El 31 de diciembre marca la **culminación** del año.

un concurso

> Un **concurso** es una competencia (*competition*) donde muchas personas participan para obtener un premio (*prize*).
>
> José participa en el **concurso** literario.

un nacimiento

> Un **nacimiento** es una reproducción del lugar de Belén (*Bethlehem*).
>
> Cada casa tiene un **nacimiento** para la Navidad.

Días festivos del mundo hispánico

Estructura: la construcción impersonal *se*

Cada país, cada ciudad, cada pueblo del mundo hispánico tiene días festivos. Generalmente estos días conmemoran acontecimientos° históricos como el día de la independencia, el día del nacimiento° de un héroe o un día de fiesta nacional. Pero también muchos de estos días festivos son de origen católico.

events

birth

El Día de los Reyes Magos (el 6 de enero)
Es el Día de los Reyes Magos o de la Epifanía. Es un verdadero día de fiesta para los niños. En la víspera del 6 de enero los niños colocan° sus zapatos en el balcón o enfrente de la puerta. La mañana siguiente encuentran sus zapatos llenos° de juguetes° y dulces. También, en este día se prepara el tradicional «roscón de reyes»° que es un pan muy delicioso.

place

full

toys

King's bread

La Candelaria (el 2 de febrero)
Esta fiesta católica conmemora la presentación de Jesús al
templo y la purificación de la Virgen María. La Candelaria se
celebra con procesiones y mucho entusiasmo en los países
latinoamericanos que tienen vasta población° india: Bolivia, el   population
Perú, Colombia, México y Guatemala. La Virgen de la Candelaria es la santa patrona de Bolivia.

El Carnaval (febrero a marzo)
Se celebra El Carnaval durante los tres días que preceden el
Miércoles de Ceniza°. ¡Es la fiesta del buen humor! Se celebra   Ash
                                                                 Wednesday
con muchas festividades organizadas como la elección de la
reina° del Carnaval, desfiles, carros alegóricos° y bailes de   queen; floats
disfraces. Por lo general, los balcones de las casas están llenos
de flores, confetis y serpentinas°.   streamers

La Pascua Florida (marzo a abril)
El domingo de Pascuas es la culminación de la Semana Santa°.   Holy Week
Por todas partes suenan° las campanas de las iglesias anun-   ring
ciando la misa° de Pascuas. Después de la misa, la gente vuelve mass
a casa para estar con su familia y amigos.

El Día del Trabajo (el primero de mayo)
Es un verdadero día de descanso°. Es una fiesta nacional en   rest
casi todos los países hispanohablantes. El refrán dice: «Quién
sabe trabajar, sabe descansar.»

El Día de San Juan (el 24 de junio)
Esta celebración es de origen religioso y de origen pagano. Se
celebra en honor de San Juan Bautista. El Día de San Juan se
celebra con desfiles, bailes tradicionales y hogueras°. Muchas   bonfires
supersticiones marcan este día. Por ejemplo, si tú vives cerca
de un río o de un lago y tú te bañas allí la noche de San Juan, tú
vas a tener mucha suerte° todo el año.   luck

El Día del Estudiante (el 21 de septiembre)
Para los estudiantes este es el día festivo favorito. ¡No hay
clases en las escuelas, en los colegios ni en las universidades!
¿Cómo se celebra este día? Se celebra con bailes estudiantiles y
concursos literarios y deportivos. Cada colegio elige° su reina. elects
El baile es en honor de la reina y su corte. Todos los estudiantes
se divierten mucho.

El Día de la Raza (el 12 de octubre)

El 12 de octubre de 1492 Cristóbal Colón descubrió° la   discovered
América. El 12 de octubre es un día de fiesta nacional en
latinoamérica. ¿Pero, qué conmemora, el descubrimiento? ¡No!
Conmemora el origen de la presente población. Por eso, lo
llaman el Día de la Raza. La población latinoamericana es una
verdadera mezcla° de razas°: blanca, india y negra. Este día se   mixture; races
celebra con muchos desfiles.

El Día de Todos los Santos (el primero de noviembre)
El Día de los Muertos° (el 2 de noviembre)   Dead

El Día de Todos los Santos es un día religioso que se celebra con
misas especiales. El 2 de noviembre o Día de los Muertos es un
día sombrío° en muchos países hispanos. Pero no es un día   somber
sombrío en México. Allí se celebra con mucha comida y muchos
dulces. Se cree que los muertos y los vivos° merecen° una   living; deserve
vacación. Así vivos y muertos comparten° la reunión familiar°   share; family
y la buena comida una vez al año. En México, las panaderías y
las dulcerías venden panes y dulces en forma de personas o
animales. En los mercados mexicanos se venden juguetes en
forma de calaveras° o esqueletos danzantes°. ¡Los niños se   skulls; dancing
divierten!   skeletons

La Navidad (el 25 de diciembre)

Es un día de fiesta de carácter religioso y familiar. Ya desde la segunda semana de diciembre cada familia prepara un nacimiento en su casa. Algunos nacimientos son simples pero otros son muy elaborados. En muchas casas se puede también ver un árbol de Navidad decorado con ornamentos y lucecitas°.   lights

En la víspera de Navidad las familias van a misa de medianoche. Después de la misa, se sirve la cena de Navidad. La cena consiste de pavo relleno°, con otros platos muy ricos y dulces exquisitos. Los niños se acuestan muy tarde pensando en Santa Claus. Es esta noche que Santa va a dejarles regalos a todos los niños que se portan bien°.   stuffed turkey / behave themselves

¿Comprendiste tú?

Cada día festivo se celebra de una manera diferente. Analiza las siguientes situaciones. Usa la información para decir qué día festivo es y qué fecha es.

1. —Buenas noches Pedrito. ¡Duerme bien!—Pedrito tiene 6 años, él no duerme. Se levanta y va a mirar sus zapatos. Pedrito espera. Él quiere saber que va a recibir. ¿Cuándo van a venir?

2. ¡Mira la procesión religiosa! ¡Qué bonita! Muchos indios vienen a celebrar el día de su patrona.

3. Felipe lleva un traje° negro, un sombrero, una capa, un lazo° y una máscara°. ¿Adónde va? ¡Va a un baile de disfraces!

suit
lasso; mask

4. Primero van a la iglesia, después van a casa para reunirse con su familia y sus amigos. ¡Qué buen tiempo hace! Claro, es la primavera.

5. Hoy nadie va a trabajar. ¡Qué bueno! Todos duermen tarde. Es un día para descansar.

6. Hay hogueras por todas partes. Todo el mundo va a prepararse para tener suerte durante todo el año.

7. Leticia es la reina y hoy va a divertirse mucho. ¿Dónde? ¡En el baile de su colegio!

8. Blancos, indios, negros y toda la población latinoamericana celebran este día. Es una fiesta nacional.

9. Rosita es mexicana. Hoy ella va a una panadería y compra panes y dulces especiales. Ella también quiere celebrar a sus antepasados°.

ancestors

10. ¡Más ornamentos, más lucecitas por favor! ¡Qué árbol tan bonito y qué nacimiento tan bello! ¿Y los niños . . . ? Ellos piensan en sus regalos.

Aumenta tu vocabulario

Algunos verbos que terminan en *-ar*

Unos verbos ingleses que terminan en *-ate* corresponden a los verbos españoles que terminan en **-ar**. ¿Puedes pensar en otros ejemplos?

celebrate	celebrar
decorate	decorar
terminate	terminar
participate	participar
_____	_____
_____	_____

ACTIVIDAD | 1

Lee las siguientes frases. Presta atención a los verbos en letras negras (*boldface type*). Forma el infinitivo de los verbos y haz una frase nueva.

> **Modelo:** Yo **celebro** el día de mi santo.
> *Yo **voy a celebrar** el día de mi santo con una fiesta.*

1. Ellos **participan** en el concurso de fotografía.
2. Yo no **tolero** las injusticias.
3. Anita **decora** su cuarto con los carteles (*posters*) de sus artistas favoritos.
4. Alfredo siempre **imita** a su hermano.
5. Tú me **irritas** con tus preguntas absurdas.
6. Miguel, ¡qué cordial hospitalidad! La **apreciamos** muchísimo.

ACTIVIDAD | 2

Responde a las siguientes preguntas:

1. ¿En qué fecha es tu cumpleaños? ¿Cómo lo vas a celebrar?
2. ¿Qué regalo de cumpleaños vas a comprarle a tu mejor amigo(a)?
3. ¿En qué día cae (*falls*) el Día de las Madres este año? ¿Qué vas a comprarle a tu mamá? ¿Por qué?
4. ¿Qué tipos de fiestas te gustan? ¿Cómo las celebras?

ACTIVIDAD | 3

Escoge tres fiestas que se celebran en los Estados Unidos. Describe brevemente estas fiestas, y compáralas con las fiestas hispánicas.

Preparación para la lectura

Las palabras siguientes están en el texto que vas a leer. Nota el significado de estas palabras.

un intercambio estudiantil

Un **intercambio estudiantil** es un cambio mutuo (*mutual*) de estudiantes de un colegio a otro.

Mi colegio tiene un **intercambio estudiantil** con un liceo (*high school*) de Barcelona, España.

un campeonato

Un **campeonato** es un evento para obtener un título de campeón en ciertos deportes.

Juan acaba de participar en el **campeonato** nacional de esquí.

un telesquí

Un **telesquí** es un aparato teleférico que sirve para subir a los esquiadores (*skiers*) a la montaña.

En esa estación de esquiar hay **telesquís** modernos.

una telesilla

Una **telesilla** es una silla suspendida en un cable que sirve para subir a los esquiadores a la montaña.

A Marisol le gusta usar la **telesilla**.

una barra T

Una **barra T** es una aparato que sirve para subir a dos esquiadores a la montaña.

Mi amigo y yo vamos a subir en la **barra T**.

El esquí: un deporte de invierno

Estructura: expresiones con *hace*

Alberto Hansen, un joven norteamericano de intercambio estudiantil en Chile, entrevista a Juan Luis Berger, un instructor de esquí.

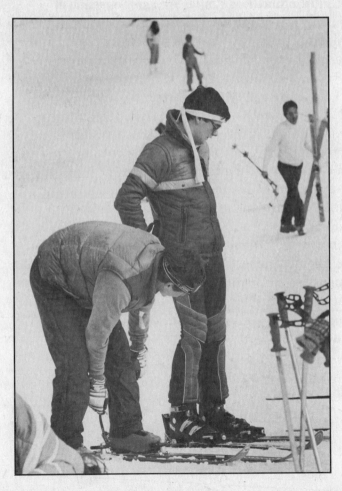

ALBERTO:	¿Hace cuánto tiempo que eres instructor de esquí?	
JUAN LUIS:	Hace dos años que soy instructor. ¡Me encanta mi trabajo!	
ALBERTO:	¿Hace cuánto tiempo que esquías?	
JUAN LUIS:	Desde niño. Mi padre es chileno descendiente de alemán y él me enseñó a esquiar. Mi padre participó en el Campeonato Mundial de Esquí en 1966 aquí en Portillo.	
ALBERTO:	Sé que Portillo tiene un clima° ideal, excelente nieve y muchas pistas°. ¿Hay campeonatos nacionales de esquí?	climate slopes
JUAN LUIS:	Sí, y tienen lugar cada año.	
ALBERTO:	¿Eres miembro de un Club Andino?	
JUAN LUIS:	Sí, para un esquiador es bueno ser miembro de un Club Andino. Los Clubes Andinos enseñan el esquí. Tienen programas de esquiar para niños. Tienen albergues°, hoteles y restaurantes. Además tienen medios° mecánicos modernos: telesquís, telesillas y barras T.	inns lifts
ALBERTO:	¿Practican muchos este deporte?	
JUAN LUIS:	¡Sí! Los chilenos, los argentinos, los brasileños... Empezaron a esquiar hace 50 años. ¡Antes no!	
ALBERTO:	¿Va a aumentar° la práctica del esquí?	increase
JUAN LUIS:	Sin duda. En Chile, todas nuestras ciudades y pueblos están a menos de 90 kilómetros de los Andes. Por eso, en julio durante las vacaciones, cientos de estudiantes vienen a esquiar. Hace diez años el número de esquiadores empezó a aumentar continuamente.	
ALBERTO:	Gracias por la información, Juan Luis. Deseo que tengas° una fabulosa temporada° de esquiar.	you have; season

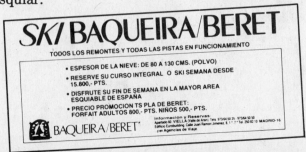

¿Comprendiste tú?

Lee con cuidado. Para cada frase escoge la letra intrusa *a*, *b* o *c* que **no** corresponde a la entrevista que acabas de leer.

1. Juan Luis Berger es...
   a. un estudiante norteamericano.
   b. un chileno que trabaja en Portillo hace dos años.
   c. un instructor de esquí.

2. El padre de Juan Luis es...
   a. chileno descendiente de alemán.
   b. un esquiador excelente.
   c. un campeón mundial de esquí.

3. Portillo es una estación de esquiar chilena muy conocida porque...
   a. hay excelente nieve.
   b. hay muchas pistas.
   c. hay campeonatos mundiales de esquí cada año.

4. Un Club Andino ofrece...
   a. esquiadores muy buenos.
   b. clases de esquí para todas las edades.
   c. medios mecánicos modernos para esquiar.

5. En los Andes chilenos hay muchos practicantes del esquí a causa de que...
   a. las ciudades y los pueblos están cerca de los Andes.
   b. hay muchos chilenos, argentinos y brasileños que esquían.
   c. hace diez años que el número de esquiadores aumenta.

Aumenta tu vocabulario

EL EQUIPO

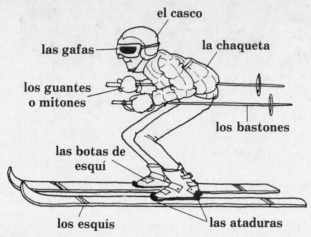

el casco

las gafas

la chaqueta

los guantes o mitones

los bastones

las botas de esquí

los esquís

las ataduras

El origen del esquí

¿Sabes que el esquí se origina hace 5.000 años en Escandinavia? Por eso se llama **el esquí nórdico°**. El esquí actual° más popular es **el esquí alpino°**, que es el esquí de los Alpes.

cross country; current
downhill

    Hace veinte años los esquís eran° de madera°. Ahora son de metal o de fibra de vidrio°. Las ataduras modernas permiten liberar el pie en caso de torcijón° para evitar° los accidentes graves. Las botas de esquí modernas son de plástico moldeado. Hace veinte años eran de cuero°. Los bastones son de acero° (o de duraluminio). Hace veinte años eran de madera.

were; wooden
fiber glass
twisting; avoid
leather; steel

Las pruebas° del esquí alpino

events

El esquí alpino consiste en tres pruebas: **el descenso, el slalom** y **el slalom gigante**.

el descenso   Es una prueba de velocidad. El esquiador esquía una pista de 2,5 a 5 kilómetros a una velocidad promedio° de 90 a 95 kilómetros por hora. El uso del casco es obligatorio para protección.

average

el slalom   Es un descenso corto. El esquiador cruza de 55 a 75 «puertas»°. Las puertas se señalan con banderitas°. El esquiador debe cruzar° las puertas de manera correcta bajo riesgo° de ser descalificado.

gates; little flags
pass through
risk

el slalom gigante   Es un descenso sobre un terreno largo y accidentado°. La velocidad varía de 45 a 65 kilómetros por hora. Hay de 50 a 60 puertas. El slalom y el slalom gigante tienen lugar° en dos recorridos°.

uneven

take place; runs

Centros de Esquí en España

Estaciones	Telesquis	Telesillas	Telecabinas	Nº de pistas	Escuela de esquí	Nº de hoteles	Apartamentos	Guardería infantil	Teléfonos
Port del Comte (Lérida)	12	3		38	●	1		●	(93) 811 04 81
La Molina (Gerona)	11	7		22	●	8	●	●	(972) 89 21 64
Formigal (Huesca)	12	4	1	22	●	4	●	●	(974) 48 81 25
Candanchú (Huesca)	17	3		20	●	4	●	●	(974) 37 31 92
Valgrande-Pajares (Asturias)	9	1		12	●	6	●		(985) 49 61 23
Puerto de Navacerrada (Madrid)	7	5		12	●	4	●		(91) 852 14 35
Valcotos (Madrid)	6	2		8	●			●	(91) 852 08 57
Valdesquí (Madrid)	7	2		9	●				(91) 852 04 16
Sol y Nieve (Granada)	10	5	2	27	●	8	●	●	(958) 48 10 00

ACTIVIDAD | 1

Para saber el nombre de una estación de esquiar que está en la Argentina, completa las frases. Mete las palabras en las cajas apropiadas.
Usa las palabras del vocabulario y de la lectura.

1. el esquiador los usa para adquirir velocidad
2. algo que protege los ojos
3. determinado tiempo para esquiar o practicar un deporte
4. el esquí actual más popular
5. lugar para dormir y comer
6. prueba del esquí alpino
7. algo que protege la cabeza del esquiador
8. se usa en el invierno para protegerse del frío
9. montañas de la América del Sur

ACTIVIDAD | 2

Contesta las siguientes preguntas:

1. ¿Sabes esquiar? Si sabes, ¿adónde vas a esquiar?
2. ¿Hay un club de esquí en tu colegio? Si no, ¿por qué no?
3. ¿Miras las pruebas de esquí en la televisión? ¿Qué pruebas?
4. ¿Es el esquí un deporte caro? ¿Por qué o por qué no?
5. ¿Piensas que el esquí es interesante? ¿Por qué o por qué no?

ACTIVIDAD | 3

Vas a una estación de esquiar por primera vez con el club de esquí de
tu colegio. Haz las siguientes cosas:

1. En la estación de esquiar, pregunta sobre el tiempo, el precio, la calidad y la cantidad de la nieve.
2. Prepara una lista de tu equipo de esquiar y las otras cosas
   que vas a llevar.

Preparación
para la lectura

Las palabras siguientes están en el texto que vas a leer. Nota el significado de estas palabras.

un laúd

Un **laúd** (*lute*) es un instrumento antiguo de música que es muy semejante a una guitarra.

Puedes ver un **laúd** en un museo.

un extranjero

Un **extranjero** es una persona de otro país u otra nación.

Los dos **extranjeros** visitan España por dos semanas.

el flamenco

El **flamenco** es la música gitana (*gypsy*) de la provincia de Andalucía en el sur de España.

Los elementos del **flamenco** son la guitarra y las castañuelas (*castanets*).

transcribir

Transcribir es encontrar notas equivalentes de un instrumento musical a otro.

Segovia **transcribe** música de piano a música de guitarra.

salir de

Salir de significa partir de un lugar.

Segovia **salió de** España para viajar en Latinoamérica.

17 | La guitarra

Estructura: el pretérito

¿Te gusta la música de guitarra? En España y en los países hispánicos los aficionados a la guitarra son muchos. La popularidad de la guitarra empezó hace muchos siglos°. Es un instrumento muy antiguo.

centuries

Un joven guitarrista en el parque Güell, Barcelona, España

Los moros° llevaron la guitarra a España del Oriente y en
España la guitarra tuvo cambios de forma y de expresión a
través de° los años. En la Edad Media°, el laúd fue el
instrumento musical de cuerdas° que se tocaba en las cortes
europeas. Después fue la vihuela, un tipo de guitarra pequeña.
Al final del siglo XIX, el español Antonio de Torres Jurado
refinó este instrumento que tú conoces como la guitarra de hoy.

    La guitarra en España siempre fue el instrumento para la
música popular. Alrededor de° 1900 la guitarra se convirtió en
un instrumento musical de concierto. Francisco Tárrega, el
famoso guitarrista y compositor español, transcribió la música
de Mozart y de Chopin para la guitarra. Así, después de 1900,
las generaciones de españoles, de hispanos y de extranjeros
aprendieron a apreciar la guitarra y a los guitarristas.

    Agustín Barrios y Narciso Yépez son virtuosos guitarris-
tas españoles que tuvieron éxito° extraordinario en España con
la música clásica de guitarra. Pero quizás° el más famoso y el
más conocido en el mundo entero es Andrés Segovia.

Moors, Arabs

over; Middle
Ages
strings

Around

success

perhaps

Andrés Segovia, el gran concertista de guitarra, nació en España en 1893. Fue un músico precoz°. Aprendió a tocar la guitarra a la edad° de seis años. A los diez y seis hizo su primera presentación en Granada. De allí en adelante hizo muchas presentaciones que lo establecieron como un artista serio, muy devoto de la guitarra y de la música clásica.

precocious
age

En 1928, Andrés Segovia salió de España para presentarse en Nueva York y viajar por toda la América del Sur. Luego, fue a Londres, París, Moscú... Por más de veinte años, Segovia pasó convenciendo° al público en el extranjero° y en el mundo hispánico que la guitarra era capaz° de tocar música clásica.

convincing;
abroad
capable

Muchos compositores empezaron a escribir música para guitarra. Los compositores no escribían música antes porque no había suficientes virtuosos de este instrumento. El mismo Segovia empezó a transcribir la música clásica de Bach creada para otros instrumentos de cuerda.

El repertorio de Segovia es inspirado y es individualista. Para él, la inspiración y el individualismo son importantes. Él dice que las grabaciones° de guitarra no tienen la belleza de sonido que tiene la música que tú puedes escuchar en un concierto de guitarra. Además, Segovia sabe que la técnica, la construcción y el sonido° de la guitarra van a progresar más con el tiempo.

recordings

sound

¿Y tú? ¿Escuchas música clásica de guitarra? ¿Te gusta más la música de la guitarra eléctrica de los grupos de cantantes de hoy? ¿Te gusta la música flamenca del sur de España? ¿Cuál prefieres?

¿Comprendiste tú?

Indica si las frases siguientes son ciertas o falsas. Si son falsas, explica el porqué.

Cierto	Falso	
☐	☐	1. A los hispanos les gusta la música de guitarra.
☐	☐	2. El público en general descubrió la música clásica de guitarra en los años de 1900.
☐	☐	3. Un número de virtuosos de la guitarra fueron españoles.
☐	☐	4. El guitarrista español más conocido en los Estados Unidos es Narciso Yépez.
☐	☐	5. Andrés Segovia empezó a tocar la guitarra desde muy joven.

Cierto	Falso	
☐	☐	6. Fue necesario convencer al público que la guitarra podía tocar música clásica.
☐	☐	7. El individualismo no es importante para Segovia.
☐	☐	8. La técnica, la construcción y el sonido de la guitarra van a progresar más.
☐	☐	9. En la actualidad muchos grupos de cantantes tocan la guitarra eléctrica.
☐	☐	10. La música flamenca es la música del norte de España.

Aumenta tu vocabulario

LA GUITARRA

Las partes de la guitarra y los dedos que se usan para tocar la guitarra:

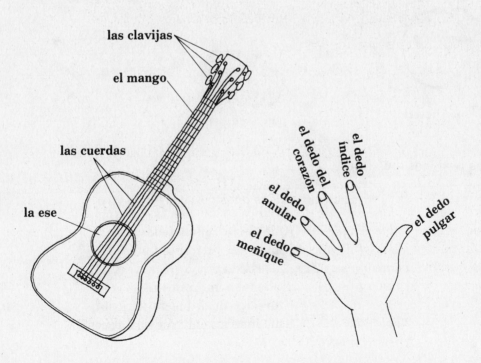

las clavijas

el mango

las cuerdas

la ese

el dedo índice

el dedo del corazón

el dedo anular

el dedo meñique

el dedo pulgar

LA MÚSICA

Algunos instrumentos musicales

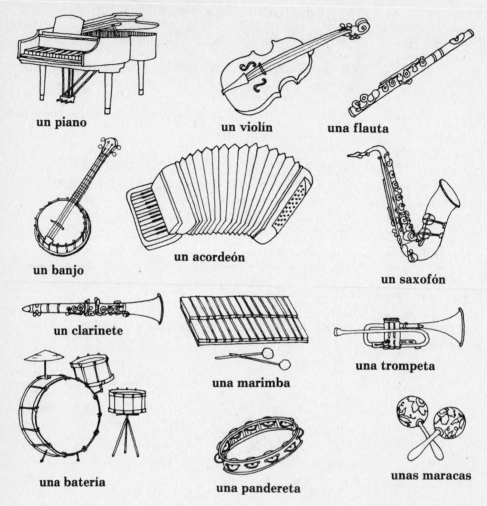

un piano

un violín

una flauta

un banjo

un acordeón

un saxofón

un clarinete

una marimba

una trompeta

una batería

una pandereta

unas maracas

Otros términos musicales

cantar	*to sing*	¿Te gusta **cantar**?
una canción	*song*	¿Cuál es tu **canción** favorita?
un cantante	*(male) singer*	¿Cuál es tu **cantante** favorito?
una cantante	*(female) singer*	¿Cuál es tu **cantante** favorita?
una orquesta	*band, orchestra*	¿Tocas con una **orquesta**?
director	*conductor*	¿Sabes el nombre de un **director** de orquesta famoso?
tocar	*to play (an instrument)*	¿Qué instrumento musical **tocas**?

ACTIVIDAD | 1

Imagínate que vas a dar un concierto de música moderna. En tu orquesta participan los músicos siguientes. Di qué tipo de instrumento toca cada músico.

Modelo: el pianista
El pianista toca el piano.

1. el guitarrista
2. el clarinetista
3. el violinista
4. el acordeonista
5. el flautista
6. el trompetista

ACTIVIDAD | 2

Este famoso pianista y compositor español creó (*created*) la ópera «Pepita Jiménez» y una composición muy conocida llamada «Iberia». Fue el creador de una escuela española de música. Para descubrir su nombre, completa cada frase con la palabra correcta. Mete las letras numeradas en cada espacio respectivo.

1. Un instrumento de cuerdas de las cortes europeas: __ __ __ __
                                                                3

2. Una antigua guitarra pequeña: __ __ __ __ __ __ __
                                      1   7 4

3. Famoso compositor alemán de música de piano: __ __ __ __
                                                     8   5

4. Lista de canciones para un concierto: __ __ __ __ __ __ __ __
                                             9   11

5. Instrumento de viento (*wind*) para música de jazz:
   __ __ __ __ __ __ __
   2 6

6. El dedo medio de la mano es el dedo del: __ __ __ __ __ __ __
                                                      12

7. Parte de la guitarra: __ __ __ __ __
                              10

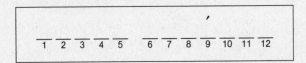

1 2 3 4 5   6 7 8 9 10 11 12

Preparación para la lectura

Los verbos siguientes están en el texto que vas a leer. Nota el significado de estos verbos.

añadir

Añadir significa aumentar.

Por favor, **añade** más sal a la sopa.

batir

Batir significa mover con fuerza unos ingredientes.

Los niños **baten** los huevos con la batidora (*mixer*).

encender (ie)

Encender es un sinónimo de prender (*to turn on*).

Está oscuro. Por favor, **enciende** la luz.

hervir (ie)

Hervir significa hacer llegar un líquido a la ebullición.

Hervimos la leche para preparar ese postre.

echar

Echar es la accion de arrojar (*to pour*) algo.

Echa todos los ingredientes en un bol grande.

18 | Un bizcocho de naranja

Estructura: los mandatos

La cocina hispana ofrece una variedad de postres muy
sabrosos°. Uno de estos postres es el bizcocho de naranja.   delicious
Puedes hacerlo en tu casa. Esta receta° es muy fácil y muy   recipe
deliciosa.

BIZCOCHO DE NARANJA

Los ingredientes

para hacer el bizcocho:

¼ libra° de mantequilla   pound
1½ tazas° de azúcar   cups
3 tazas de harina°   flour
1 taza de jugo de naranja
3 huevos
1 cucharada° de polvo de hornear°   tablespoonful;
                                                       baking powder
1 cucharadita° de sal   teaspoonful

para decorar el bizcocho:

¼ taza de mantequilla derretida°   melted
¼ taza de jugo de naranja
1 cucharada de cáscara° de naranja rallada°   peel; grated
3 tazas de azúcar pulverizada°   powdered
                                                       sugar

Aquí están los utensilios

un bol pequeño

un molde redondo

un bol grande

una cucharita

una cuchara

un exprimidor de jugo

una batidora eléctrica

una bandeja

ACTIVIDAD | 1

Completa las frases siguientes con uno de los verbos de la sección PREPARACIÓN PARA LA LECTURA. Usa la forma correcta.

Modelo: Alicia ___*bate*___ los huevos con la batidora.

1. Yo _____ más sal a la receta.
2. Juan _____ el agua para preparar café.
3. Catalina _____ los ingredientes para hacer el bizcocho.
4. Luis _____ el horno a 350°.
5. Tú _____ todos los ingredientes en un bol.

¿Estás listo(a)? ¡Prepara la receta!

Para hacer el bizcocho:

1. Enciende el horno° a 375° F.   oven
2. Engrasa° dos moldes° redondos de 9 pulgadas°.   Grease; cake pans; inches
3. Cierne° la harina, el polvo de hornear y la sal.   Sift
4. Pon cremosa° la mantequilla y añade el azúcar.   Cream
5. Añade los huevos y bate bien después de añadir cada huevo.
6. Añade los ingredientes secos° y el jugo de naranja.   dry
7. Echa la mezcla° en los moldes.   batter
8. Pon los moldes en el horno por 30 minutos.

Para decorar el bizcocho con el azucarado°:   frosting

1. Derrite° la mantequilla.   Melt
2. Combina la mantequilla derretida, el jugo de naranja, la cáscara de naranja rallada y el azúcar pulverizado. Bate todo bien.
3. Cuando el bizcocho esté° cocinado, sácalo° y ponlo en una bandeja. Déjalo refrescar° por 30 minutos.   is; take it out; cool
4. Usa la mitad° del azucarado de naranja entre dos bizcochos.   half
5. Usa el resto del azucarado para cubrir todo el bizcocho.

El postre está listo.
¡Buen provecho!

Aumenta tu vocabulario

Unas frutas

una cereza

una fresa

una manzana

una banana

una pera

unas uvas

un limón

un melón

una sandía

una piña

un melocotón

una toronja

una naranja

Con las frutas puedes preparar muchas cosas. Nota las expresiones siguientes:

el jugo de toronja   *grapefruit juice*
la mermelada de uva   *grape jam*
el helado de fresa   *strawberry ice cream*
la jalea de cereza   *cherry jelly*
el pastel de manzana   *apple pie*
el dulce de piña   *pineapple preserves*

ACTIVIDAD | 2

Contesta las preguntas siguientes:

1. ¿Con qué fruta se hace el vino? ¿la sidra?
2. ¿Con qué frutas puedes hacer jugo?
3. Imagina que vas a hacer una ensalada de frutas. ¿Qué frutas vas a utilizar?
4. ¿Qué frutas hay en la región donde vives?
5. ¿Qué frutas se producen en California? ¿en la Florida? ¿en Puerto Rico?
6. ¿Conoces unas frutas tropicales? ¿Cuáles?

ACTIVIDAD | 3

Describe la receta de tu postre favorito. Primero indica los ingredientes que necesitas y luego prepara una lista de instrucciones. Usa la receta del bizcocho de naranja como modelo.

Preparación para la lectura

Los verbos siguientes están en el texto de la lectura que vas a leer. Nota el significado de estos verbos.

apoyar

> **Apoyar** significa descansar (*to rest*) una cosa sobre otra.
> Rosita **apoya** los codos (*elbows*) en la mesa.

rehusar

> **Rehusar** es lo contrario de aceptar.
> Lo siento mucho pero tengo que **rehusar** tu invitación a cenar.

retirarse

> **Retirarse** significa irse o marcharse.
> Los invitados **se retiran** a las nueve de la noche.

agradecer

> **Agradecer** significa mostrar (*to show*) gratitud o dar gracias.
> Yo le **agradezco** su maravillosa hospitalidad.

olvidarse

> **Olvidarse** significa falta (*lack*) de memoria.
> Siempre **me olvido** del cumpleaños de mi hermano.

 **Los buenos modales en la mesa**

Estructura: los mandatos regulares e irregulares

Hay un refrán que dice: «Los modales hacen al hombre». Los buenos modales son resultados del sentido común y de la cortesía. Si alguna vez una familia hispánica te invita a cenar, recuerda que los buenos modales en la mesa son el arte de la cortesía. Aquí tienes tú unos consejos°: advice

- Vístete apropiadamente, sobre todo° si es tu primera invi- especially
tación.
- Llega a tiempo.
- Llévales un regalito a tus anfitriones°. Por ejemplo, puedes hosts
comprarles un ramo° de flores. Las flores son un símbolo de bouquet
la amistad. También puedes comprarles una caja° de box
chocolates.

- No seas el primero en sentarte a la mesa.
- No comiences a comer antes que tus anfitriones.
- Pon las manos en la mesa, no las pongas debajo de la mesa.
- No apoyes los codos sobre la mesa.
- No te sirvas tu mismo°. Espera hasta que te pasen el plato.   yourself
- No rehuses un plato, inclusive° si es un plato que no te gusta.   including
- Límpiate los labios° con la servilleta.   lips
- No hagas ruido con la boca al sorber° la sopa o al masticar°.   sipping; chewing
- No inclines el plato para recoger la última cucharada de sopa.
- No hables con la boca llena.
- No uses mondadientes° en presencia de tus anfitriones o de   toothpick
  los otros invitados.
- Si pasan un plato por la segunda vez no olvides de decir
  «gracias».
- Evita° la discusión de temas desagradables.   Avoid
- Felicita° a la anfitriona. Dile que su comida es deliciosa.   Compliment
- Al final de la cena agradece la invitación.
- Retírate de la casa de tus anfitriones a una hora razonable.

Recuerda que los buenos modales son indispensables en una
persona y que las reglas de etiqueta existen en todos los países
y a través de todos los tiempos.

¿Comprendiste tú?

Imagina que tú y tus amigos están invitados a cenar en la casa de la familia Romero. Lee lo que° hacen las siguientes personas y di si es cortés o si no es cortés.   *what*

1. Ricardo lleva camisa y corbata.

2. Cristina le compra un ramo de flores para la señora Romero.

3. La invitación es para las ocho. Felipe no quiere llegar atrasado° y llega a la casa de los Romero a las siete en punto.   *late*

4. Tomás detesta las zanahorias°. Cuando le pasan la bandeja de zanahorias, él dice: «Todo está delicioso» e inmediatamente pasa la bandeja al otro invitado.   *carrots*

5. Todos empiezan a comer cuando los Romero empiezan.

6. Después del postre°, Felipe todavía tiene hambre y se come el último pedacito de pan.   *dessert*

7. Ricardo se limpia los labios con la servilleta después de beber el café.

8. Todos le dicen a la señora Romero que la cena fue excelente.

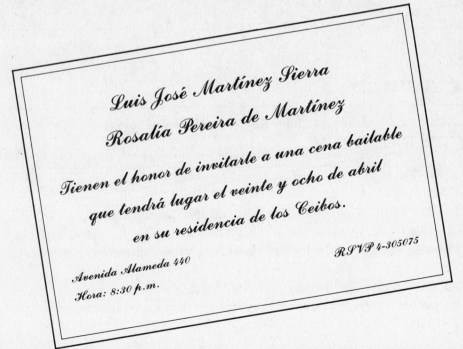

Luis José Martínez Sierra
Rosalía Pereira de Martínez

Tienen el honor de invitarle a una cena bailable que tendrá lugar el veinte y ocho de abril en su residencia de los Ceibos.

RSVP 4-305075

Avenida Alameda 440
Hora: 8:30 p.m.

Aumenta tu vocabulario

El cubierto

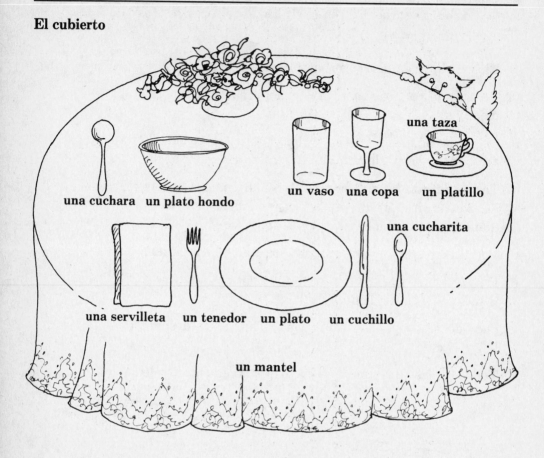

una cuchara un plato hondo

un vaso una copa una taza un platillo

una servilleta un tenedor un plato un cuchillo una cucharita

un mantel

ACTIVIDAD | 1

Aquí están algunas opiniones. Di si estás de acuerdo o no con estas opiniones y explica el porqué.

1. En los Estados Unidos los buenos modales no tienen mucha importancia.
2. Los buenos modales son algo natural. No es algo que se aprende.
3. Para un hispano los buenos modales son importantes.
4. En general, las reglas de etiqueta y de cortesía son las mismas en un país hispano y en los Estados Unidos.
5. La primera regla de cortesía es respetar a los demás (*other people*).

ACTIVIDAD | 2

Lee lo que hacen las siguientes personas. Di qué utensilio(s) utilizan.

> **Modelo:** Raúl come un biftec.
> *Él utiliza un plato, un cuchillo y un tenedor.*

1. El niño come el cereal.
2. Laura bebe té caliente.
3. El señor Tamariz bebe vino.
4. Comemos helado (*ice cream*) de vainilla.
5. Tú tomas sopa (*soup*).
6. Nicolás come una ensalada.
7. Como arroz con pollo (*chicken with rice*).

ACTIVIDAD | 3

Imagina que tú le explicas a un amigo hispano los buenos modales en los Estados Unidos. Haz una lista de cinco cosas que debe hacer o que no debe hacer.

NUEVOS SABORES

CHOCOLATE, VAINILLA Y CAFE

YOKA YOGURT FIRME con CHOCOLATE

YOKA YOGURT FIRME con VAINILLA

YOKA YOGURT FIRME con CAFE

¡En Venezuela el yogurt se llama... YOKA!

Preparación para la lectura

Las palabras siguientes están en el texto que vas a leer. Nota el significado de estas palabras.

una cueva

Una **cueva** es una cavidad subterránea (*underground*).

Hay **cuevas** prehistóricas en Francia y en España.

una roca

Una **roca** es una masa grande de piedra.

Para entrar en una cueva es necesario mover unas **rocas**.

un techo

Un **techo** es la parte superior de un espacio cerrado (*closed*).

Muchas casas tienen **techos** altos.

un dibujo

Un **dibujo** es la representación gráfica de un objeto.

Los **dibujos** de las cuevas de Altamira son excelentes.

una pintura

Una **pintura** es la obra que hace un pintor.

Las **pinturas** prehistóricas representan animales salvajes.

20 | Las cuevas de Altamira

Estructura: el pretérito

Mar Cantábrico

FRANCIA

Santillana del Mar • • Santander

Océano Atlántico

Barcelona •

PORTUGAL

★ Madrid

ESPAÑA

Granada

Mar Mediterráneo

Es el año de 1879 y en Santillana del Mar, un pueblecito en la costa norte de España, vive Don Marcelino de Sautuola y su hija María. María sólo tiene cinco años.

Don Marcelino es un noble español. Su afición° es la arqueología. Su sueño es explorar cuevas y encontrar algo prehistórico.   hobby

Don Marcelino sabe que cerca de Santillana del Mar hay una cueva inexplorada e inaccesible. Él escoge esta cueva para explorar y allí trabaja en sus horas libres.

Un día encontró unas puntas de lanza° de piedra. ¡Qué   spearheads
sorpresa! Eran tan similares como las puntas de lanza que
existen en las exhibiciones prehistóricas de los museos. Esa
noche corrió a casa.

> —Miren, miren lo que encontré. Son puntas de lanza de
> piedra. Y creo que son prehistóricas.

¡Qué contento estaba Don Marcelino! Al ver a su papá tan feliz,
la pequeña María dijo con mucho entusiasmo:

> —Papá, por favor, llévame a la cueva. Quiero ir contigo.
> —¡No hija! Tú no puedes venir conmigo.
> —Papá, por favor, llévame a la cueva.

Finalmente, Don Marcelino se decidió llevarla, muy seguro de
que su hija María iba a aburrirse en una cueva oscura. Y fue
verdad...

> Después de unas horas, María le preguntó:
> —Papá, ¿puedo explorar con mi vela°?   candle
> —Sí, María, puedes. Pero...ten mucho cuidado.

María, muy curiosa, siguió por un pasaje bajo y angosto°. Poco   narrow
a poco el pasaje se hizo más ancho°. De repente, con la vela en la   wider
mano, la niña vio bestias enormes, con cuernos° enormes que la   horns
asustaron.

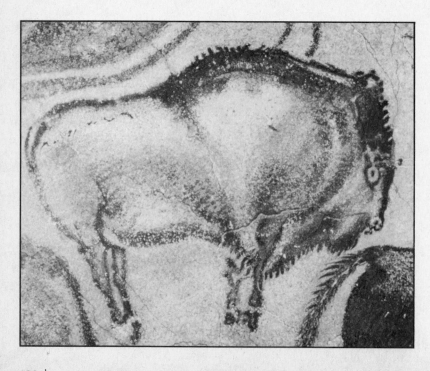

—¡Papá, papá! ¡Toros, toros, toros!

Su padre vino inmediatamente.

—Papá, mira el techo. ¡Hay toros!

Don Marcelino miró y miró.

—¡Increíble! No, hija, no son toros. ¡Son bisontes! Son bisontes rojos, negros, amarillos. . .

Don Marcelino siguió mirando y vio caballos salvajes, ciervos° y jabalíes°.

deer

wild boars

—Papá, ¿está fresca la pintura? ¿Quién pintó esos animales?

—No sé hija. No puedo contestarte tus preguntas.

Ese mismo día, Don Marcelino escribió a los científicos geólogos de Madrid. En pocos días llegó un geólogo de Madrid a inspeccionar la cueva. Al examinar el techo, el geólogo dijo:

—Don Marcelino, no hay duda de que estas pinturas son prehistóricas. Los bisontes, los jabalíes, los caballos fueron pintados hace miles de años.

En poco tiempo, las cuevas de Altamira y Santillana del Mar se hicieron famosas.

* * *

Pero. . . no todo el mundo científico aceptó a Altamira como un descubrimiento prehistórico. Muchos geólogos no quisieron visitar Altamira porque creían que las pinturas eran un engaño°.

hoax

Con el tiempo, la cueva se cerró. Don Marcelino murió. . . María creció. . . Veinte y dos años más tarde con el descubrimiento de unas cuevas similares en Francia, Altamira renació. Los científicos y los expertos vinieron a Altamira y se dieron cuenta de que Altamira era verdaderamente un lugar de arte prehistórico.

De allí en adelante, Santillana del Mar y Altamira han sido visitadas por millones. Se amplió el piso de la cueva para que los visitantes pudieran admirar las pinturas.

La presencia de visitantes aumenta la humedad° y el gas carbónico de la cueva. Estas condiciones favorecen el desarrollo° de microorganismos que destruyen las pinturas. ¡Qué peligro! ¡Estas pinturas son irreemplazables! Son las mejores de su tipo y hay que° cuidarlas.

humidity

development

it's necessary

Por esta razón, actualmente° la cueva de Altamira está   currently
bajo la protección del gobierno español.

Solamente un cierto número de personas puede visitar la
cueva cada día durante cierta época° del año.   time period

¿Y la pequeña María de Sautuola? María tuvo el honor de
haber descubierto el trabajo de artistas prehistóricos y tuvo la
satisfacción de saber que su padre fue reconocido por el mundo
científico.

Si eres aficionado a la prehistoria o si eres curioso, no te
aflijas° si no eres uno de los afortunados visitantes de   don't be upset
Altamira. Hay una reproducción exacta de la cueva de
Altamira muy cerca de la cueva original. ¿Quiénes la hicieron?
Equipos de ingenieros, arquitectos, escultores y pintores. Ellos
usaron las técnicas más modernas para recrear el trabajo que
fue hecho hace miles y miles de años.

¿Comprendiste tú?

Indica si las frases siguientes son ciertas o falsas. Si son falsas explica el porqué.

Cierto **Falso**

☐ ☐   1. Santillana del Mar está en la costa sur de España.

☐ ☐   2. A Don Marcelino le gustaba muchísimo la arqueología.

☐ ☐   3. Don Marcelino escogió una cueva que quería explorar.

☐ ☐   4. En la cueva, él no encontró nada.

☐ ☐   5. María, su hija, no quiso ir a la cueva.

☐ ☐   6. En la cueva había mucha luz y María no necesitaba una vela.

☐ ☐   7. María encontró un pasaje muy grande y ancho.

☐ ☐   8. María vio muchas bestias enormes.

☐ ☐   9. Habían muchos toros en la cueva.

☐ ☐   10. María no supo el nombre de los animales pintados en el techo.

☐ ☐   11. Después de unos días Don Marcelino escribió a los científicos geólogos de Madrid.

☐ ☐   12. El geólogo de Madrid llegó en pocos días para examinar el techo de la cueva.

☐ ☐   13. El geólogo dijo que las pinturas eran ejemplos de arte prehistórico.

☐ ☐   14. Altamira y Santillana del Mar se hicieron famosos.

☐ ☐   15. Millones de turistas visitan las cuevas para admirar los dibujos.

☐ ☐   16. La presencia de visitantes es buena para las pinturas.

Cierto	Falso	
☐	☐	17. La cueva de Altamira está bajo la protección de los visitantes.
☐	☐	18. Los turistas pueden visitar la cueva durante todo el año.
☐	☐	19. Hoy en día hay una reproducción exacta de la cueva original.
☐	☐	20. Los creadores de la reproducción usaron las mismas técnicas que los pintores originales.

ACTIVIDAD | 1

La arqueología es la ciencia que estudia las artes y los monumentos de la antigüedad. Para descubrir el nombre que la arqueología da a las pinturas y dibujos prehistóricos de las cuevas, completa las definiciones siguientes. Luego, mete las palabras en los cuadros respectivos. (Todas las palabras están en las lecturas que acabas de leer.)

1. Sinónimo de padre: __ __ __ __
2. Pueblo de la costa norte de España:
   __ __ __ __ __ __ __ __ __ __ __ __ __ __
3. Obra que hace un pintor: __ __ __ __ __ __ __
4. Animales con cuernos: __ __ __ __ __ __
5. El apellido de la familia de Don Marcelino:
   __ __ __ __ __ __ __ __
6. El nombre de la cueva: __ __ __ __ __ __ __ __
7. Estos animales sirven para el transporte de la gente:
   __ __ __ __ __ __ __
8. Sinónimo de grande: __ __ __ __ __ __
9. Representación de un objeto: __ __ __ __ __ __ __
10. Tratar de descubrir algo: __ __ __ __ __ __ __ __ __
11. Algo que sirve para alumbrar (to light): __ __ __ __ __
12. Persona que visita: __ __ __ __ __ __ __ __
13. Otros animales que también tienen cuernos:
    __ __ __ __ __ __ __ __
14. Copia de algo original: __ __ __ __ __ __ __ __ __ __ __ __
15. Imposible de creer: __ __ __ __ __ __ __ __ __ __

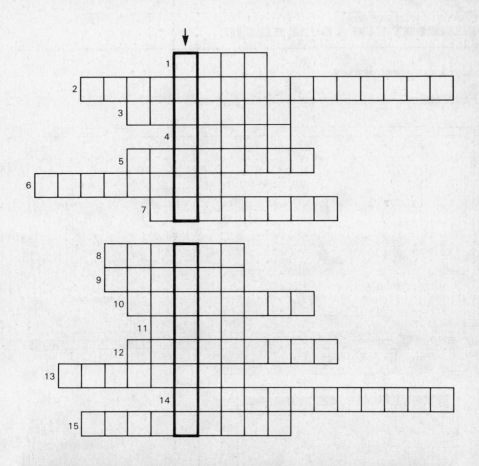

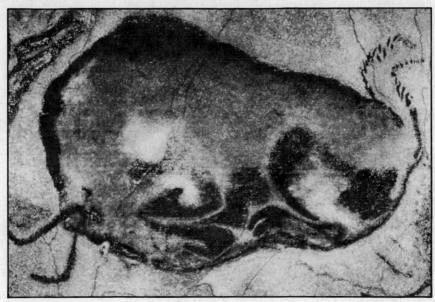

Aumenta tu vocabulario

Algunas herramientas

En el taller (*workshop*) y en el jardín (*garden*)

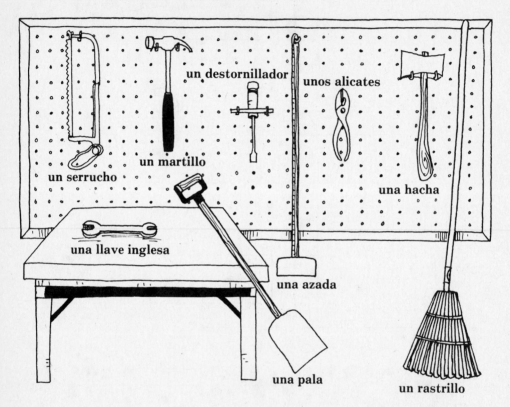

un destornillador

unos alicates

un martillo

un serrucho

una hacha

una llave inglesa

una azada

una pala

un rastrillo

ACTIVIDAD | 2

Lee lo que las personas siguientes hacen y di qué herramientas utilizan.

1. Es el otoño y José recoge hojas del jardín.
2. Maribel repara su bicicleta.
3. Pedro corta la madera (*wood*) en pedazos.
4. Virginia cuelga (*is hanging*) una pintura en la pared.
5. Es invierno. Hay mucha nieve. El Sr. Miranda limpia la entrada de su garaje.
6. Doña Cecilia planta (*plants*) flores en el jardín.
7. Marcos repara el motor de su carro.

Las respuestas correctas

Lectura 1

Actividad 2

1. (f) aspirina   2. (n) música   3. (m) drama   4. (k) raqueta
5. (l) fútbol   6. (c) biología   7. (d) elefante   8. (e) banana
9. (g) rosas   10. (i) profesor   11. (j) tren   12. (a) cheque
13. (h) motor   14. (o) platino   15. (b) doctor

Actividad 3

1. c 2. e 3. d 4. a 5. e 6. d 7. a 8. b 9. c 10. b
11. e 12. e 13. d 14. e 15. c 16. b

Lectura 2

¿Comprendiste tú?

1. ¡Felicitaciones! ¡Felicidades!   2. ¡Feliz cumpleaños!
3. ¡Fuego!   4. ¡Socorro! ¡Auxilio!   5. ¡Disculpe! ¡Dispense!
6. ¡Bravo! ¡Arriba! ¡Viva!   7. ¿Qué barbaridad! ¡Qué horror!
8. ¡Buen provecho! ¡Buen apetito!   9. ¡Cuidado!
10. ¡Buen viaje!

Lectura 3

Actividad 1

1. Guatemala 2. mil 3. rosa 4. fórmulas 5. flores
6. antiguo 7. dalia   La respuesta: GIRASOL

Lectura 4

¿Comprendiste tú?

1. C 2. F 3. F 4. C 5. C 6. C

Actividad 1

1. mamá 2. hija 3. hijo 4. papá 5. hija 6. hijo

Actividad 2

1. materno 2. apodo 3. Rosario 4. diminutivos 5. Toño
6. apellidos   La respuesta: MARITÉ

Actividad 3

1. Carlitos 2. Miguelito 3. Pablito 4. Rogelito 5. Anita
6. Martita 7. Rosita 8. Susanita

Lectura 5

1. (e) La civilización Inca es de la América del Sur.   2. (d) Ponce de León fundó San Agustín en Florida.   3. (b) El Greco nació en Grecia.   4. (d) Magallanes fue un explorador portugués al servicio de España.   5. (c) El café es de origen africano.   6. (c) La República Dominicana está en el Caribe.   7. (e) En el Brasil se habla portugués.   8. (d) El Día de la Raza celebra el origen de la población hispanoamericana.

Actividad

1. Es alemán.   2. Es italiana.   3. Son españoles.   4. Es argentino.   5. Es ruso.   6. Es canadiense.   7. Son mexicanos. 8. Es japonesa.   9. Es panameña.   10. Es francés.   11. Es colombiana.   12. Son chilenos.

Lectura 7

¿Comprendiste tú?

1. C   2. F   3. C   4. F   5. F   6. C   7. C   8. F

Actividad 3

1. Es camarera.   2. Es panadero.   3. Es plomero.   4. Es farmacéutico.   5. Es doctora (enfermera).   6. Es ejecutiva. 7. Es programador.   8. Es peluquero.   9. Es contador. 10. Es vendedor.

Lectura 8

Actividad 2

1. las matemáticas   2. la geografía   3. la música   4. la química   5. la fotografía   6. la historia   7. la programación de computadoras   8. la mecanografía   9. la historia (los estudios sociales)   10. la taquigrafía

Lectura 9

¿Comprendiste tú?

1. c   2. a   3. b   4. a   5. b

Lectura 10

¿Comprendiste tú?

1. diamante   2. juegos   3. nueve   4. bases   5. ligas   6. bate 7. federación   8. hispano   9. mayo   La respuesta: DOUBLEDAY

Actividad 3

1. Llueve. 2. Nieva 3. Hace mal tiempo. 4. Hace viento.
5. Hace buen tiempo. (Hace sol.) 6. Está brumoso. (Llueve.)
(Nieva.) 7. Hace mal tiempo. (Llueve.) 8. Está brumoso.
(Llueve.) (Hace mal tiempo.)

Lectura 11

¿Comprendiste tú?

1. F 2. C 3. C 4. F 5. F 6. C 7. C 8. F 9. C 10. C

Actividad 1

1. curioso 2. generosa 3. famoso 4. supersticiosa 5. furioso
6. estudiosa

Actividad 2

1. d 2. e 3. c 4. a 5. b

Lectura 12

¿Comprendiste tú?

1. C 2. C 3. F 4. F 5. F 6. F 7. C 8. C 9. C 10. C

Actividad 2

1. España 2. pequeños 3. guía 4. auricular 5. A ver
6. Hola 7. públicos 8. Aló 9. distancia 10. Bueno

Actividad 3

Ud. está EQUIVOCADO de número.

Lectura 13

¿Comprendiste tú?

1. Lucía, Teresa y Daniel 2. Lucía 3. Lucía 4. Teresa
5. Daniel 6. Enrique 7. Enrique

Actividad 1

Lectura 14

¿Comprendiste tú?

1. Madrid 2. Prado 3. Diego 4. Infanta 5. pintura
6. espejo 7. Felipe 8. reina 9. Austria 10. perro 11. luz
12. estudio 13. retrato 14. cortesanos 15. tema
16. Barcelona 17. Picasso 18. Manet

```
B A R C E L O N A O M C E
T P I N T U R A C D A O M
E N R E S P E J O D D R A
M R F C H D A S U C R T R
A R A M A N E T E H I E Y
F O N T Y O M E N A D S T
E S T U D I O L T E L A P
L B A U S T R I A I S N R
I R E T R A T O L U Z O A
P I C A S S O M A S O S D
E D I E G O Y R E I N A O
```

Actividad 1

1. paisaje 2. pincel 3. diseñador 4. obra maestra
5. escultor 6. exposición   La respuesta: JOAN MIRÓ

Actividad 2

1. estoy estudiando 2. está mirando 3. está comprando
4. está tomando 5. están practicando 6. está escribiendo
7. está recibiendo 8. está asistiendo

Lectura 15

¿Comprendiste tú?

1. El Día de los Reyes Magos 2. La Candelaria 3. El Carnaval 4. La Pascua Florida 5. El Día del Trabajo 6. El Día de San Juan 7. El Día del Estudiante 8. El Día de la Raza
9. El Día de los Muertos 10. La Navidad

Actividad 1

1. participar 2. tolerar 3. decorar 4. imitar 5. irritar
6. apreciar

Lectura 16

¿Comprendiste tú?

1. a 2. c 3. c 4. b 5. c

Actividad 1

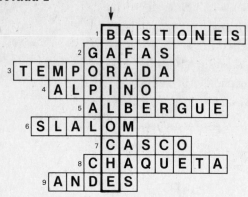

Lectura 17

¿Comprendiste tú?

1. C 2. C 3. C 4. F 5. C 6. C 7. F 8. C 9. C 10. F

Actividad 1

1. la guitarra 2. el clarinete 3. el violín 4. el acordeón 5. la flauta 6. la trompeta

Actividad 2

1. laúd 2. vihuela 3. Bach 4. repertorio 5. saxofón
6. corazón 7. mango   La respuesta: ISAAC ALBÉNIZ

Lectura 18

Actividad 1

1. añado 2. hierve 3. bate 4. enciende 5. echas

Lectura 19

¿Comprendiste tú?

1. Es cortés. 2. Es cortés. 3. No es cortés. 4. No es cortés. 5. Es cortés. 6. No es cortés. 7. Es cortés.
8. Es cortés.

Actividad 2

1. un plato hondo, una cuchara 2. una taza, un platillo 3. una copa 4. un plato hondo, una cuchara 5. un plato hondo, una cuchara 6. un plato, un tenedor 7. un plato, un tenedor, un cuchillo

Lectura 20

¿Comprendiste tú?

1. F 2. C 3. C 4. F 5. F 6. F 7. F 8. C 9. F 10. C
11. F 12. C 13. C 14. C 15. C 16. F 17. F 18. F
19. C 20. F

Actividad 1

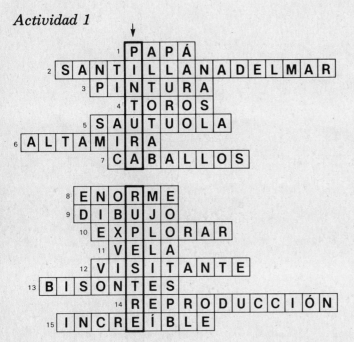

Actividad 2

1. un rastrillo 2. un destornillador, unos alicates, una llave
inglesa 3. una hacha, un serrucho 4. un martillo 5. una
pala 6. una azada 7. unos alicates, una llave inglesa

Vocabulario español-inglés

This vocabulary contains all the words that appear in *Vistazos 1* except obvious cognates. Verbs are listed in the infinitive form.

a

a at, to **a ver** yes?, hello
abajo below
un **abogado, una abogada** lawyer
un **abrazo** hug
abril April
los **abuelos** grandparents
aburrirse to get bored
acabar to finish **acabar de** + *infinitive* to have just
accidentado(a) uneven
el **aceite** oil
aceptar to accept
el **acero** steel
un **acontecimiento** event
un **acordeón** accordion
un, una **acordeonista** accordionist
acostarse to go to bed
una **actividad** activity
activo(a) active
una **actriz** actress
actual present, current
la **actualidad** present, present time
actualmente at present, currently
acuerdo: de acuerdo agreed, in agreement
adelante ahead
adelgazar to lose weight, to diet
además in addition
una **adivinanza** riddle

la **admiración** admiration
admirar to admire
adónde where
adquirir to acquire
aéreo(a) air **un accidente aéreo** air accident
un **aeropuerto** airport
el **afecto** affection
una **afición** hobby, interest
un **aficionado, una aficionada** fan, enthusiast
aflijarse to get upset
afortunado(a) lucky
un, una **agente de bolsa** stockbroker
agosto August
agradecer to thank
el **agua** water
ahí there
ahora now
al to the, at the, when **al sorber** when sipping
un **albergue** inn
el **alcalde** mayor
el **alcohol** alcohol
alegórico(a) allegorical
alemán(a) German
el **alemán** German (*language*)
Alemania Germany
alfabético(a) alphabetical
algo something
un, una **alguacil** sheriff
alguien someone
alguno(a) some, certain
unos **alicates** pliers
el **alimento** food
el **almuerzo** lunch
aló hello
los **Alpes** Alps
alpino(a) Alpine
alrededor around

alto(a) high, loud
alumbrar to light, illuminate
un **alumno, una alumna** pupil
allí there **de allí en adelante**
from then on
amable friendly
amar to love
amarillo(a) yellow
ambicioso(a) ambitious
ambos(as) both
un **amigo, una amiga** friend
el mejor amigo best friend
la **amistad** friendship
amistoso(a) friendly
amoroso(a) loving
ampliarse to be widened,
enlarged
analizar to analyze
ancho(a) wide **de ancho**
width
los **Andes** (*mountain system
extending for 4000 miles
along western coast of
South America*)
andino(a) Andean
un **anfitrión, una anfitriona**
host, hostess
angosto(a) narrow
un **antepasado, una antepasada**
ancestor, forebear
antes before, first, rather
antes no not before
antiguo(a) ancient
anterior anterior, before
la **antigüedad** antiquity,
ancient times
un **antónimo** antonym
anunciar to announce
un **anuncio** announcement, ad
los anuncios clasificados
classified ads
añadir to add
un **año** year **año de edad**
age **con los años**
over the years
un **aparato** apparatus, device
la **apariencia** appearance

un **apellido** surname, last name
el **apetito** appetite
aplicar to apply
un **apodo** nickname
apoyar to lean, to rest
apreciar to appreciate
aprender to learn
apropiadamente appropriately
apropiado(a) appropriate
aquí here
un **árbol** tree
un **área** area
argentino(a) Argentine
la **arqueología** archaeology
un **arquitecto, una arquitecta**
architect
las **artes** the arts **las bellas
artes** fine arts
las artes mecánicas
industrial arts, shop
un **artículo** article **un artículo
definido** definite article
artísticamente artistically
arrestar to arrest
arriesgarse to take a risk
¡arriba! hurray!
el **arroz** rice
un **ascensor** elevator
así thus, this (that) way, so
un **asiento** seat
una **asignatura** subject,
assignment
asistir to attend, to assist
asomarse to approach
astrológico(a) astrological
asustar to frighten
atacar to attack
una **atadura** ski binding
atlético(a) athletic
atmosférico(a) atmospheric
atrapado(a) trapped
atrasado(a) late
aumentar to increase
el **auricular** telephone receiver
el **autobús** bus
un **automóvil** automobile
un **autor, una autora** author

¡auxilio! help!

un **aventurero, una aventurera**
adventurer

un **avión** airplane

una **azada** hoe

el **azúcar** sugar

azucarado(a) sugared,
sweetened

azul blue

un **azulejo** bluebird

b

un **bachillerato** high school
diploma

un **baile** dance, ball **un baile**
de disfraces costume ball

bajo(a) low, under
bajo riesgo under risk

un **balcón** balcony

una **bandeja** tray, platter

una **banderilla** banderilla, *short*
lance that is used in
bullfighting

una **banderita** little flag

un **bandido** outlaw

bañarse to bathe

Barajas *airport in Madrid*

barato(a) cheap, inexpensive

una **barbaridad** cruelty, outrage

Barcelona *city and port in*
northeastern Spain

una **barra** bar, rod **una barra T**
T-lift (skiing)

basado(a) based (on)

basar to base (on)

una **báscula** scale

una **base** base

un **bastón** cane, ski pole

un **batazo** hit

un **bate** bat

un **bateador** batter

una **batería** drum set

una **batidora** mixer, beater

batir to beat

beber to drink

el **béisbol** baseball

Belén Bethlehem

la **Bélgica** Belgium

belgo(a) Belgian

la **belleza** beauty

bello(a) beautiful

una **bestia** beast

la **bicicleta** bicycle

bien good, well

un **biftec** beefsteak

un **billete** bill, ticket

la **biología** biology

un **bisonte** bison

un **bizcocho** sponge cake

blanco(a) white **en blanco**
blank

un **bloque** block

la **boca** mouth

Bogotá *capital of Colombia*

un **bol** bowl

un **boleto** ticket

boliviano(a) Bolivian

bondadoso(a) kind, generous

bonito(a) pretty

una **bota** boot **una bota de esquí**
ski boot

brasileño(a) Brazilian

bravo(a) brave, courageous,
wild ¡bravo! well done!

brevemente briefly

brumoso(a) hazy, foggy

buen, bueno(a) good

Buenos Aires *capital of*
Argentina

búscalas look for them
(*command*)

un **buscapalabras** word search
puzzle

buscar to look for, search

c

un **caballo** horse

el **cabello** hair

la **cabeza** head

una **cabina** booth

una cabina telefónica telephone booth

un cacto cactus

un cachorro, una cachorra cub, puppy

cada each, every

caer to fall

un café cafe, coffee

una caja box

una calavera skull

la calidad quality

caliente hot

el calor heat

la caloría calorie

una calle street

una cámara camera

un camarero, una camarera waiter, waitress

cambiar to change

cambiarse to change oneself, to change one's clothes

un cambio change

caminar to walk

un camino road

una campana bell, bellflower

un campeón, una campeona champion

un campeonato championship

el campo countryside, field el campo exterior outfield el campo interior infield

canadiense Canadian

cancelar to cancel

una canción song

la Candelaria Candlemas

un, una cantante singer

cantar to sing

la cantidad quantity

una capa cape

capaz capable

caprichoso(a) temperamental

el Caribe Caribbean

cariñoso(a) affectionate

el carnaval Carnival

la carne meat

un carnero ram

un carnicero, una carnicera butcher

caro(a) expensive

la carpintería carpentry

un carpintero, una carpintera carpenter

una carta letter

un cartel poster

un carro car un carro alegórico parade float

una casa house una casa de modas fashion house

casado(a) married

casarse to get married

la cáscara shell, peel

un casco helmet

casi almost, nearly

caso: en caso de in case of

castaño(a) brown

una castañuela castanet

el castellano Spanish (language)

una categoría category

católico(a) Catholic

catorce fourteen

una causa cause a causa de que due to the fact that

causar to cause

una cavidad cavity

cedido(a) transferred, given over una pelota cedida knuckle ball

celebrar to celebrate

la cena dinner

cenar to dine

el centro downtown, center (soccer)

cerca close, near

un cerdo pig

una cereza cherry

cerner to sift

un cervecero, una cervecera brewer

cerrado(a) closed, enclosed

cerrarse to close

la cidra citron

la **ciencia** science

un **científico, una científica** scientist

científico(a) scientific

ciento (one) hundred

cierto(a) true, certain

un **ciervo** deer

cinco five

las **cinco** five o'clock

un **cine** movie theater

una **cita** date, appointment

una **ciudad** city

claro clearly, of course

¡**claro que sí!** of course!

clavado(a) nailed

una pelota clavada sinker ball

el **clavel** carnation

una **clavija** peg

un, una **cliente** client

el **clima** climate, weather

un **cobertizo de espera** dugout

un **cobro** collection, payment

la **cocina** kitchen

cocinado(a) cooked

un **cocinero, una cocinera** cook

un **cocodrilo** crocodile

el **codo** elbow

los **cognados** cognates

un **colegio** school

colgar to hang (up)

colocar to place

colombiano(a) Colombian

un **colono, una colona** colonist

una **columna** column

combinar to combine

comenzar to begin

comer to eat

el **comercio** commerce

la **comida** meal, food

comienza he, she, it begins

como like, as

como si as if

¿**cómo?** how, what?

un **compañero, una compañera** companion

una **compañía** company

una **comparación** comparison

comparar to compare

compartir to share

la **competencia** competition

completar to complete

un **compositor, una compositora** composer

comprar to buy

comprender to understand

¿**Comprendiste tú?** Did you understand?

una **computadora** computer

común common

las **comunicaciones** communications, media

con with

concernir to concern

un, una **concertista** concert musician

un **concierto** concert

un **concurso** contest, competition

conducir to conduct, to drive

el **confeti** confetti

congelado(a) frozen

conmemorar to commemorate

conmigo with me

conocer to know

conocido(a) known

un **consejo** advice

conservar to keep, to conserve **conservar la línea** to maintain one's weight, figure

considerar to consider

consistir to consist

consister en to consist of

constantemente constantly

consultar to consult

la **contabilidad** accounting

un **contador, una contadora** accountant

contener to contain, to hold
contento(a) content
contestar to answer
contigo with you
continuamente continuously
continuar to continue
contra: en contra against
contrario opposite, contrary
convencer to convince
convenciendo convincing
convertirse to change,
   to convert
la copa cup, trophy
   la Copa Davis Davis Cup
una copia copy
el corazón heart
   cordial cordial, warm
   cortar to cut
la corte court
   cortés courteous, polite
la cortesía courtesy
   corto(a) short
un corredor corridor
   correr to run
   corresponder to correspond
   correspondiente corresponding
una corrida race una corrida
   de toros bullfight
una cosa thing
   cosmopólito(a) cosmopolitan
la costa coast
   costar to cost
   costarricense Costa Rican
una costumbre custom
   creado(a) created
un creador, una creadora creator
   crear to create
   crecer to grow
   creer to believe
   cremoso(a) creamy
la cría breeding
   Cristóbal Colón
     Christopher Columbus
la crítica criticism la crítica
   literaria literary criticism
   criticar to criticize
un crucigrama crossword puzzle

cruzar to cross
un cuadrado square
un cuadro painting, picture
   cuál which
una cualidad quality
   cualquier any, anyone,
     whatever, whichever
   cuando when
   ¿cuándo? when?
   cuanto(a), ¿cuánto(a)? how
     much(?) how many(?)
   cuarenta forty
   cuarto(a) fourth
un cuarto room, one fourth
   cuatro four
las cuatro four o'clock
   cubano(a) Cuban
una cubierta cover, bedspread
el cubierto place setting
   cubrir to cover
una cuchara spoon
una cucharada tablespoonful
una cucharadita teaspoonful
una cucharita teaspoon
un cuchillo knife
una cuenta bill
   cuenta: darse cuenta to realize
un cuento story
una cuerda cord, string
un cuerno horn
el cuero leather
un cuestionario questionnaire
una cueva cave
   cuidado caution, care
     ¡cuidado! watch out!
   cuidar to take care
la culminación culmination, climax
   cultivar to cultivate
un cumpleaños birthday
una curva curve una pelota curva
   curve ball

ch

una chaqueta jacket
   charlatán (charlatana) talkative

un cheque check
una chica girl
un chico boy
chileno(a) Chilean
chino(a) Chinese

d

la dalia dahlia
una dama lady   dama de
 honor lady in waiting
danzante dancing
dar to give
datar (de) to date (from)
de of, from, about, in,
 than, with   de dos en dos
 two by two   de . . . a . . .
 from . . . to . . .
debajo beneath, under, below
deber to have to, to owe, to
 ought to
deberse (a) to be due (to)
un décimo(a) one tenth
decir to say, to tell
 se dice it's said
decorar to decorate
decorativo(a) decorative
un decreto decree
un dedo finger
 el dedo anular ring finger
 el dedo del corazón
 middle finger
 el dedo índice index finger
 el dedo meñique little
 finger
 el dedo pulgar thumb
dejar to leave
del from the, of the
delgado(a) slim
los demás the others
demasiado(a) too much
demostrar to demonstrate
demostrativo(a) demon-
 strative
demuestra he, she, it
 demonstrates

un, una dentista dentist
dentro inside, in
 dentro de within
depender to depend
un deporte sport
deportivo(a) sports-related
derecho right
derretido(a) melted
derretir to melt
desagradable disagreeable
el desarrollo development
un desastre disaster
el desayuno breakfast
descalificado(a) disqualified
un descansadero bullpen
descansar to rest
el descanso rest
descendiente descendant
un descenso descent, downhill
 race
describir to describe
descubierto(a) discovered
un descubridor, una descubridora
 discoverer
un descubrimiento discovery
descubrir to discover
desde from, since   desde
 niño since childhood
desear to desire, want, wish
un desfile parade
desgraciadamente
 unfortunately
después then, later,
 afterwards
un destornillador screwdriver
destruir to destroy
destruyen they destroy
determinado(a) determined
detestar to detest
devoto(a) devoted
un día day
un diamante diamond
 diamante de béisbol
 baseball diamond
diario(a) daily
un dibujo drawing, sketch

diciembre December

la dieta diet **estar a
 dieta** to be on a diet

 diez ten **diez y ocho**
 eighteen **diez y seis**
 sixteen

 difícil difficult

un **dígito** digit, finger

 diminutivo(a) diminutive

 dinámico(a) dynamic

el **dinero** money

un **diploma** diploma, degree

un **diplomático** diplomat

un **disco** record

 disculpar to excuse

un **diseñador, una diseñadora**
 designer, illustrator
 diseñor(a) de modas
 fashion designer

el **diseño** design, illustration

un **disfraz** costume, disguise

 disparado(a) shot, fired

 dispensar to forgive

 distribuir to distribute

 divertirse to enjoy oneself

 doble double

 doce twelve

un **domicilio** residence

el **domingo** Sunday

 dominicano(a) Dominican

 don Mr.

 donde, ¿dónde? where(?)

 dormir to sleep

 dos two

 doscientos(as) two hundred

un **drama** play, drama

 duda doubt **sin duda**
 without doubt, definitely

un **dulce** sweet, candy

una **dulcería** sweet shop, candy
 store

 duodécimo(a) twelfth

el **duraluminio** aluminum
 metal mixture

 durante during

 duro(a) hard

 durar to last

e

 e and

la **economía** business, economy

 ecuatoriano(a) Ecuadorian

 echar to throw, to put in, to add

la **edad** age **la Edad Media**
 Middle Ages

la **educación** education
 educación física
 physical education

un **efecto** effect **en efecto**
 in fact, as a matter of fact

 egipcio(a) Egyptian
 Egipto Egypt

un **ejemplo** example
 por ejemplo for example

 el the

 él he, him

 elaborado(a) elaborate

 elegir to elect, choose

 ella she, her

 ellos they, them

un **empellón** bunt

 empezar to begin

 emplear to employ, use

 en in, at, on, of, about, into

un **enano, una enana** dwarf

 encantar to delight
 le encanta he (she) loves (it)

 encender to light (a fire), to
 turn on

 encontrar to find

una **encuesta** poll

la **energía** energy

 enero January

un **enfermero, una enfermera** nurse

 enfrente facing, opposite, in
 front

un **engaño** hoax

 engordar to gain weight

 engrasar to grease

un **enigma** enigma, mystery

 enigmático(a) mysterious

 enorme enormous

una **ensalada** salad

 enseñar to teach, show

entero(a) whole

una entrada entrance

entrar to enter

entre among, between

los entretenimientos enter-
tainment(s)

entrevistar to interview

el entusiasmo enthusiasm

la Epifanía Epiphany

una época epoch, age, time

el equipo team, equipment

un equivalente equivalent

equivalente equivalent

equivocado(a) mistaken
equivocado de número
wrong number

esa that

Escandinavia Scandinavia

escapar to escape

escaso(a) scarce

un escocés, una escocesa Scot

escoger to choose

escolar scholastic

escribir to write

escuchar to listen

una escuela school

un escultor, una escultora
sculptor

una escultura sculpture

la ese sound hole (of a guitar)

ese that

la esencia essence

eso that por eso that's why

el espacio space

España Spain

español(a) Spanish

un espectador spectator

un espejo mirror

una espera wait

esperar to wait

una esposa wife

un esposo husband

un esqueleto skeleton

el esquí skiing, ski

un esquiador, una esquiadora
skier

esquiar to ski

esta (estas) this (these)

ésta this one

establecer to establish

una estación season, station,
resort

el estadio stadium

un estado state

los Estados Unidos United
States

estar to be

una estatua statue

la estatura height

este (estes) this (these)

el este east

un estilo style

esto (estos) this (these)

un estoque matador's sword

estornudar to sneeze

la estructura structure

un, una estudiante student

estudiantil student

estudiar to study

un estudio studio, study

estudioso(a) studious

los estudios sociales social
studies

europeo(a) European

evaluar to evaluate

evitar to avoid

exactamente exactly

un examen exam
un examencito test, small
exam

examinar to examine

exclamar to exclaim

exhibirse to be exhibited

existir to exist

el éxito success

explicar to explain

un explorador, una exploradora
explorer

explorar to explore

una exportación export

expresar to express

un exprimidor squeezer
un exprimidor de jugo
juicer

extenderse   to be extended,
   spread
el   **extranjero**   abroad, foreigner,
   stranger
extranjero(a)   foreign
extraordinario(a)   extraordinary
extraordinariamente
   extraordinarily
un   **extraterrestre**   extraterrestrial
   being

f

fabuloso(a)   fabulous
fácil   easy
falso(a)   false
una   **falta**   lack
faltar   to lack, to be missing
la   **fama**   fame
familiar   familiar, family related
un   **farmacéutico, una**
   farmacéutica   pharmacist,
   druggist
la   **farmacia**   pharmacy, drugstore
favor: por favor   please
   a favor de   in favor of
favorecer   to favor
febrero   February
una   **fecha**   date   **fecha de**
   nacimiento   birthdate
una   **federación**   federation
felicidades   congratulations,
   best wishes
felicitaciones   congratulations,
   compliments, greetings
felicitar   to congratulate
feliz   happy
femenino(a)   feminine
fenomenal   phenomenal, terrific
una   **festividad**   festivity
festivo(a)   festive
la   **fibra: la fibra de vidrio**
   fiber glass
la   **ficción**   fiction
una   **ficha**   token
una   **fiesta**   holiday, party

una   **figura**   figure
Filadelfia   Philadelphia
las   **Filipinas**   Philippines
filipino(a)   Philippine
el   **fin (final)**   end
finalmente   finally
la   **finanza**   finance
la   **física**   physics
físico(a)   physical
flaco(a)   skinny
una   **flauta**   flute
un, una   **flautista**   flutist
una   **flor**   flower
una   **forma**   form   **en forma de**
   in the form of
formar   to form, to constitute
formarse   to be formed,
   consist of
una   **foto**   photo
la   **fotografía**   photography,
   photograph
un   **fotógrafo, una fotógrafa**
   photographer
francés (francesa)   French
el   **francés**   French (*language*)
la   **franqueza**   frankness
una   **frase**   sentence
frecuentemente   frequently
una   **fresa**   strawberry
fresco(a)   fresh, wet (paint)
el   **frío**   cold
la   **fruta**   fruit
un   **fuego**   fire
una   **fuente**   fountain, source
fuera   out, outside
funcionar   to function, work
fundar   to found, establish
fundarse   to be founded,
   established
el   **fútbol**   soccer
el   **futuro**   future

g

las   **gafas**   goggles, glasses
un   **gallo**   rooster

una ganadería cattle ranch
ganar to win, to earn
un gato cat
general: por lo general
generally en general
in general
generalmente generally
la gente people
geólogo(a) geologic
un geólogo, una geóloga
geologist
un gerente, una gerente
manager
gigante giant, gigantic
un gigante giant
la gimnasia gymnastics
el girasol sunflower
gitano(a) gypsy
el gobierno government
un gol goal
un golpe blow el gran golpe
grand slam
gordo(a) fat
una grabación recording
gracias thanks
un grado grade, degree
gráfico(a) graphic
gran (grande) great, grand,
big
gritar to scream
un grito scream
un grupo group
un guante glove
guardería: una guardería
infantil nursery, day care
center
guatemalteco(a) Guatemalan
una guía guide, directory
un, una guitarrista guitarist
gustar to like
el gusto taste

h

haber to have, to be
había there was

la habilidad ability
hablante speaking
hispanohablante
Spanish-speaking
hablar to speak, talk
hacer to do, to make
hace mucho tiempo
a long time ago
hace buen tiempo
the weather is good
una hacha ax
hallar to find
el hambre hunger
han have han sido
have been
la harina flour
hasta until
hay there is, are hay que
it's necessary to
hecho(a) done, made
el helado ice cream
un helecho fern
una hermana sister
un hermano brother
hermoso(a) beautiful
un héroe, una heroína hero,
heroine
hervir to boil
una herramienta tool
el hibisco hibiscus
una hija daughter
un hijo son
los hijos children, sons
una hoguera bonfire
una hoja leaf, sheet
hola hello
hondo(a) deep
hondureño(a) Honduran
una hora hour, time ¿a qué hora?
at what time?
un horario schedule
un horno oven
hoy today hoy en día
nowadays
un huevo egg
las humanidades humanities
la humedad humidity

el **humor** humor **de buen humor** good-humored

un **huracán** hurricane

i

una **iglesia** church

igual equal **sin igual** unique, without equal

imaginar to imagine

imitar to imitate

impaciente impatient

la **importancia** importance

impulsivo(a) impulsive

inclinar to incline, to tip

incluir to include

incluyendo including

incómodo(a) uncomfortable

increíble incredible

increíblemente incredibly

indicar to indicate

índice index

indígeno(a) native, Indian

indio(a) Indian

el **individualismo** individualism

un **individuo** individual

la **industria** industry

inexplorado(a) unexplored

una **infanta** princess

el **infinitivo** infinitive

la **inflación** inflation

un **informe** report

un **ingeniero, una ingeniera** engineer

inglaterra England

inglés (inglesa) English

el **inglés** English (*language*)

injusto(a) unjust

inmediatamente immediately

insistir to insist

inspeccionar to inspect

inspirado(a) inspired

un **instrumento** instrument **un instrumento de cuerda** string instrument

un **intercambio** exchange, interchange

interesante interesting

una **intriga** intrigue

un **intruso** intruder

el **invierno** winter

un **invitado, una invitada** guest

ir to go

irreemplazable irreplaceable

una **isla** island

izquierdo(a) left

Italia Italy

j

un **jabalí** wild boar

la **jalea** jelly

el **Japón** Japan

japonés (japonesa) Japanese

un **jardín** garden

un **jardinero, una jardinera** gardener, shortstop

el **jasmín** jasmine

un **jonrón** home run

una **jornada** working day

un, una **joven** youth, young person

una **joya** jewel

un **juego** game **los juegos olímpicos** Olympic Games

el **jueves** Thursday

un **jugador, una jugadora** player

el **jugo** juice

un **juguete** toy

julio July

justo(a) fair, just

k

un **kilo** kilogram

un **kilómetro** kilometer

l

la the, her

un **labio** lip

un lago   lake
el lanzador   pitcher, thrower
un lanzamiento   pitch
   largo(a)   long
      de largo   length
   las   the, them
una lástima   shame, pity
      ¡qué lástima!
      what a shame!
   Latinoamérica   Latin
      America
   latinomericano(a)   Latin
      American
un laúd   lute
el lavadero   sink
un lazo   knot, bow
   le   him, to him, her, to her, it,
      to it
   leal   loyal
la lectura   reading, text
la leche   milk
   leer   to read
   lejos   far, distant
la lengua   language
una letra   letter
un letrero   sign
   levantar   to lift, raise
   levantarse   to get up, wake up
   liberar   to liberate, free
una libra   pound
   libre   free, wild
un liceo   high school
una liga   league
   ligero(a)   light
   Lima   *capital of Perú*
un limón   lemon
   limpiar   to clean
la línea   line, waistline   la línea
      de juego   line of play
      conservar la línea
      to keep one's figure
el lirio   lily
una lista   list
   listo(a)   ready
   literario(a)   literary
   lo   the, that, it, him
      lo que   what, that which

   lo siento   I'm sorry
   locura   madness
      con locura   madly
un locutor, una locutora   announcer
   lograr   to achieve, to obtain,
      to manage
   los   the, them
una lucecita   little light
   lucirse   to excel
   luego   later
un lugar   place   tener lugar
      to take place
un lujo   luxury
   lujoso(a)   luxurious
el lunes   Monday
la luz   light

ll

una llamada   call   una
      llamada de larga distancia
      long distance call
      una llamada común
      station-to-station call
      una llamada de cobro
      revertido   collect call
   llamar   to call
   llamarse   to be called, named
      ¿cómo te llamas?
      what's your name?
las llamas   flames
   llave: una llave inglesa
      wrench
   llegar   to arrive, to reach
   lleno(a)   full
   llevar   to take, to carry,
      to wear
   llevar el nombre   to be called
   llover   to rain
   llueve   it's raining

m

la madera   wood
la madre   mother   día de las
      Madres   Mother's Day

Madrid *capital of Spain*
maestro(a) teacher
mal, malo(a) bad
una **mamá** mom
mandar to send, to order
un **mandato** order, command
mande hello
el **manejo** driving **la escuela de manejo** driver's education
una **manera** manner, way
el **mango** handle, neck (*of guitar*)
la **mano** hand
un **mantel** tablecloth
mantener to maintain
la **mantequilla** butter
una **manzana** apple
la **mañana** morning
mañana tomorrow
un **mapa** map
una **máquina** machine **escribir a máquina** to type
el **mar** sea
el **maratón** marathon
maravilloso(a) marvelous
marcar to note, to score, to write, to mark **marcar el número** to dial a number **marcar el fin** mark the end
marchar to march, to leave
una **margarita** daisy
una **marimba** xylophone
la **marina** Navy
un **marinero, una marinera** mariner, sailor
el **martes** Tuesday
un **martillo** hammer
marzo March
marroquí Moroccan
Marruecos Morocco
más more, most, and, plus
una **masa** dough
una **máscara** mask
masticar to chew
el **matadero** slaughterhouse
materno(a) maternal
un **matrimonio** marriage
mayo May

una **mayoría** majority
me me, myself
la **mecánica** mechanics
mecánico(a) mechanical
un **mecánico, una mecánica** mechanic
la **mecanografía** typing
una **media** sock
media: y media half past
la **medianoche** midnight
la **medicina** medicine
la **medida** measurement
medio(a) middle, half
un **medio** means, half
mediocre mediocre
el **mediodía** noon
medir to measure, to be . . . tall
mejor better, best **mejor amigo** best friend
un **melocotón** peach
mellizo(a) twin
la **memoria** memory
una **menina** maid of honor
menos less **por lo menos** at least
mensual monthly
menudo small, tiny **a menudo** often
merecer to deserve
una **merienda** afternoon snack
la **mermelada** jam, marmalade
un **mes** month
una **mesa** table
metódico(a) methodical
métrico(a) metric
un **metro** meter
mexicano(a) Mexican
una **mezcla** mixture, batter
mi my, me
una **microcomputadora** micro-computer
un **microorganismo** microorganism
un **miembro, una miembra** member
el **miércoles** Wednesday **Miércoles de Ceniza** Ash Wednesday

mil   one thousand

miles   thousands   **miles de**
  personas   thousands
  of people

militar   military

una   milla   mile

un   millón   million

mirar   to look

mis   my

la   misa   mass

la   miscelánea   miscellany

mismo(a)   same, self   **al mismo**
  tiempo   at the same time
  sí mismo   oneself

un   mitón   mitten

la   moda   fashion

los   modales   manners   **Los**
  modales hacen al hombre
  Manners make the man

moderado(a)   moderate

una   modista   seamstress

un   molde   cake pan

moldeado(a)   moulded

un   mondadientes   toothpick

la   moneda   money, coin

un   mono   monkey

un   monstruo   monster

una   montaña   mountain

montar   to ride, to mount

un   montículo   mound

morado(a)   purple

morir   to die

un   moro, una mora   moor
  Moscú   Moscow

mostrar   to show

mover   to move

muchísimo(a)   very much

mucho(a)   much

muchos(as)   many

un   muerto, una muerta
  dead man, dead woman

una   mujer   woman

una   muleta   cape

mundial   world   el
  campeonato mundial
  world championship

el   mundo   world

el   museo   museum

un   músico, una música
  musician

mutuo(a)   mutual

muy   very

n

nacer   to be born

el   nacimiento   birth, crèche

la   nación   nation

la   nacionalidad   nationality

nada   nothing

nadar   to swim

nadie   no one, nobody,
  anybody

una   naranja   orange

un   narciso   daffodil

la   natación   swimming

un   náufrago, una náufraga
  castaway, shipwreck

un, una   navegante   navigator

la   Navidad   Christmas

necesario(a)   necessary

una   necesidad   necessity

necesitar   to need

un   negocio   business

negro(a)   black

nevar   to snow

ni   neither, nor, not even

nicaragüense   Nicaraguan

nieva   it's snowing

la   nieve   snow

ningún, ninguno(a)   not any,
  no, not one

un   niño   child, boy

una   niña   girl

no   no, not, don't
  no seas   don't be

un, una   noble   noble, aristocrat

la   noche   night   **buenas**
  noches   good night

un   nombre   name

nórdico(a)   Nordic

normal: bachillerato normal
  teaching degree

el **norte** north
norteamericano(a) North
   American
nosotros we, us
notar to note, to notice
una **nota** grade, note
las **noticias** news
una **novela** novel   una **novela**
   policíaca detective story
noveno(a) ninth
noventa ninety
noviembre November
nublado(a) cloudy
nuestro(a) our
Nueva York New York
nueve nine
nuevo(a) new
el **Nuevo Mundo** New World
numerado(a) numbered
un **número** number
nunca never
nutritivo(a) nutritious

o

o or, either
obligatorio(a) obligatory,
   required
una **obra** work, job   una **obra de**
   arte work of art   una
   obra maestra masterpiece
un **observador, una**
   observadora observer
un **obstáculo** obstacle
obtener to obtain
octavo(a) eighth
octubre October
ocupado(a) occupied, busy
el **oeste** west
una **oficina** office   la **oficina**
   de turismo tourist office
un **oficio** trade
ofrecer to offer
oigo I hear
oír to hear
un **ojo** eye

¡**olé!** well done! bravo!
olvidar to forget
once eleven
una **oportunidad** opportunity
opuesto(a) opposite
una **orden** order
organizar to organize
el **Oriente** Orient, the East
un **origen** origin
originar to originate
originario(a) de native of
una **orquesta** orchestra, band
la **orchídea** orchid
la **oscuridad** darkness
oscuro(a) dark
el **otoño** autumn
otro(a) another, other

p

un, una **paciente** patient
paciente patient
un **padre** father
los **padres** parents
pagano(a) pagan
pagar to pay
una **página** page
un **país** country
un **paisaje** landscape
una **pala** shovel
una **palabra** word
un **palco** box (seat) (*in a theater*
   or an arena)
el **pan** bread
una **panadería** bakery
panameño(a) Panamanian
una **pandereta** tambourine
una **papa** potato
un **papá** dad
el **papel** paper
para for, in order to, by
una **parada** stop, parade
un **paraguas** umbrella
paraguayo(a) Paraguayan
parear to pair, to match
una **pared** wall

un **pariente** relative
un **parque** park
un **participio** participle
    participar to participate
    particular particular, individual
un **partido** game, match
un **párrafo** paragraph
    pasado(a) past, last **el año**
    pasado last year
un **pasaje** passage, trip
un **pasajero, una pasajera**
    passenger
    pasar to happen, to spend
    (time), to pass, to come by
    pasar por tu casa
    to come by your house
    pasar tiempo to spend
    time **pasar un examen**
    to pass an exam
    passarle a to happen to
un **pasatiempo** hobby
la **Pascua Florida** Easter
un **pase** pass
el **paseíllo** *opening parade in*
    a bullfight
un **pastel** pie, cake
    paterno(a) paternal
    patio: el patio de caballos
    horse pen in a bullring
un **patrono, una patrona** patron
un **pavo** turkey
un **pedacito** little piece
un **pedazo** piece
el **peligro** danger
el **pelo** hair
una **pelota** ball
    pelotazo: un mal pelotazo
    foul ball
un **peluquero, una peluquera**
    hairdresser
la **pena** sorrow, pity
un **pensamiento** thought, pansy
    pensar to think
    pequeño(a) small
una **pera** pear
    perdido(a) lost
    perezoso(a) lazy

    perfecto(a) perfect
una **perfumería** perfumery
un **periódico** newspaper
un, una **periodista** journalist
un **periodo** period
    un periodo de estudios
    study period
    permanecer to remain
    permitir to permit, allow
    pero but, however
un **personaje** character,
    personage
la **personalidad** personality
la **perspectiva** perspective
    pertenecer to belong
    peruano(a) Peruvian
un **perro, una perra** dog
    pesar to weigh
    pesarse to weigh oneself
el **peso** weight
los **pétalos** petals
el **petróleo** petroleum, oil
un, una **pianista** pianist
un **pie** foot
la **piedra** rock, stone
una **pieza** piece, part **una**
    pieza de teatro play
    pila: nombre de pila first
    name
un, una **piloto** pilot
un **pincel** paintbrush
    pintar to paint
un **pintor, una pintora** painter
la **pintura** paint, painting
una **piña** pineapple
un, una **pirata** pirate
    pisar to step on
el **piso** floor
una **pista** ski slope
el **placer** pleasure
un **plan** plan
la **plancha** wind-surfing
una **planta** plant
    plantar to plant
un **platillo** saucer
el **platino** platinum
un **plato** plate

la playa beach
una plaza public square
  la plaza de toros bullring
un plomero, una plomera
  plumber
la población population
un poco a little, some poco
  a poco little by little
  pocos(as) few
  poder to be able
la policía police
la política politics
el polvo powder, dust
  polvo de hornear
  baking powder
un pollo chicken
  pomposo(a) pompous
  poner to put
la popularidad popularity
  poquito(a) little
  por for, by, along, through,
  throughout, because of
  por ejemplo for example
  por eso for that reason
  por España throughout
  Spain por hora per hour
  por lo general generally
  por lo menos at least
  ¿por qué? why?
  por semana weekly
  porque because
el porqué reason
  portarse to behave
una postal post card
un postre dessert
una práctica practice
un, una practicante practitioner
  practicar to practice
  preceder to precede
un precio price
  precioso(a) precious
  precoz precocious
  preferido(a) preferred
  preferir to prefer
  preguntar to ask
la pregunta question
la prehistoria prehistory

prehistórico(a) prehistoric
un premio prize
  preocuparse to worry, to be
  concerned
  preparar to prepare
la presencia presence
  en presencia de before, in
  the presence of
  presentarse to present
  oneself, to go
el presente present (time)
  presente present, current
  presidencial presidential
  prestar to lend, to pay
  prestar atención to pay
  attention
  primario(a) primary
la primavera spring
  primer, primero(a) first
un primo, una prima cousin
el principio beginning
  al principio at the beginning
un prisionero, una prisionera
  prisoner
una procesión procession
  producir to produce,
  to bear (fruit)
  productivo(a) productive
un profesor, una profesora
  teacher, professor
la profundidad depth, profundity
un programador, una programadora
  programmer
  progresar to progress
  progresivo(a) progressive
el promedio average
un pronóstico forecast
  pronto soon hasta pronto
  see you soon
  propio(a) own
un propósito intention, purpose
  a propósito by the way
  protector(a) protective
  proteger to protect
el provecho profit, benefit
  ¡Buen provecho! Enjoy your
  meal! Cheers!

una provincia province
próximo(a) next
prudente prudent
una prueba proof, test, event
un pueblo village
una puerta door, gate (in slalom)
puertorriqueño(a) Puerto Rican
pues because
una pulgada inch
el pulgar thumb
pulverizado(a) powdered
una punta point, tip **una punta
de lanza** spearhead
el puntaje point system
un punto point **en punto**
sharp, on the dot
la purificación purification

q

que that, then, than ¿qué?
what? ¿qué hay? what's up?
¡qué! how, what!
¡qué bueno! how nice!
querer to want, to like, to love
querido(a) dear
quien who, whom
¿quién? who?
quiere: quiere decir means
la química chemistry
un químico chemist
quince fifteen
quinto(a) fifth
quizás perhaps, maybe

r

rallado(a) grated, scratched
ramo: un ramo de flores
bouquet of flowers
un ranchero, una ranchera
rancher, ranger
un rancho ranch
rápidamente rapidly
rápido(a) rapid, fast
una raqueta racket

un rastrillo rake
una rata rat
la raza race
la razón reason
razonable reasonable
real royal
la realidad reality
realmente really
una receta recipe
recibir to receive
recibirte to pick you up
recoger to gather, to collect,
to wipe up
reconocer to recognize
reconocido(a) recognized
recordar to remember
un recorrido run, round
recrear to recreate
el recreo recess
redondo(a) round
reemplazar to replace
referirse to refer oneself, consult
refinar to refine
reflejar to reflect
un refrán refrain, saying
refrescar to refresh, to cool
un regalito small gift
un regalo gift
una región region
una regla rule
la reglamentación regulation
regularmente regularly
rehusar to refuse
una reina queen
una relación relation, relationship
un reloj clock, watch
relleno(a) stuffed
renacer to be reborn
reparar to repair
repente: de repente suddenly
el repertorio repertory
un reportero, una reportera reporter
una representación representation
representar to represent
una reproducción reproduction
la República Dominicana
Dominican Republic

rescatar to rescue
reserva reserve
una residencia residence
una resina resin
respectivo(a) respective
respetar to respect
responder to respond
una respuesta answer
el resto rest, remainder
un resultado result
retirarse to retire,
to withdraw, to leave
un retrato portrait
reunir reunite
revertido(a) reversed
un rey king
los Reyes Magos Magi
rico(a) rich, delicious
un riesgo risk
un río river
la riqueza wealth
un, una rival rival
una roca rock
rodado(a) rolled
rojo(a) red
un rollo roll un rollo de
fotos roll of film
Roma Rome
el romance romance
romántico(a) romantic
la ropa clothing
una rosa rose
un roscón ring-shaped cake
roscón de reyes
twelfth-night cake
el ruedo border, bullring, arena
un ruido noise
Rusia Russia
ruso(a) Russian

s

el sábado Saturday
saber to know
sabíamos we knew
sabroso(a) tasty
sacar to take out, to take

sacrificado(a) sacrificed
sagrado(a) sacred
la sal salt
una sala large room, living room
salir to go out, leave
la salud health ¡Salud!
To your health!
saludable healthy, good
saludar to greet
salvadoreño(a) Salvadoran
salvaje savage
una sandía watermelon
San Juan Bautista St. John
the Baptist
Santiago capital of Chile
un santo, una santa saint
un sastre tailor
la satisfacción satisfaction
un saxofón saxophone
se himself, herself, itself,
yourself, yourselves,
themselves, oneself, each other
se puede it's possible
una sección section la sección
editorial editorial pages
seco(a) dry
un secretario, una
secretaria secretary
la secundaria secondary school
seguir to follow
según according to
segundo(a) second
seguro(a) sure, certain, safe
seguro que sí of course
seis six
una semana week Semana
Santa Holy Week
semejante similar
una semejanza likeness, similarity
una semilla seed
sencillo(a) simple, unpretentious
senegalés, senegalesa Senegalese
sentarse to sit down
un sentido sense el sentido
común common sense
sentir to feel, to sense, to hear
una señal mark, signal

señalar to signal, to indicate
un señor (Sr.) gentleman (Mr.)
una señora (Sra.) married woman
    (Mrs.)
una señorita (Srta.) young lady
    (Miss)
séptimo(a) seventh
sentirse to feel
ser to be
serio(a) serious
una serpentina paper streamer
una serpiente serpent
un servicio service
una servilleta napkin
servir to serve
un serrucho saw
sexto(a) sixth
si if, whether
sí yes
la sidra cider
siempre always
siente he, she, it feels
siete seven
un siglo century
el significado meaning
un signo sign
siguiente following
la silueta figure
una silla chair
sin without sin duda
    without doubt
la sinceridad sincerity
sincero(a) sincere
un sinónimo synonym
un sistema system
situado(a) situated, located
sobre over, on, above, about
    sobre todo above all,
    especially
un sobrenombre nickname
sociable sociable
¡socorro! help!
el sol sun
solamente only
un soldado soldier
sólo only solo(a) alone
una sombra shadow
un sombrero hat

sombrío(a) somber
sonar to sound, to ring
un sonido sound
la sopa soup
sorber to sip
una sorpresa surprise
su (sus) his, her, your, their
subir to rise, to climb, to
    carry up
subrayado(a) underlined
subterráneo(a) subterranean,
    underground
suceder to happen, to take place
el sucre *monetary unit of Ecuador*
el suelo ground
el sueño sleep, dream
la suerte luck
Suiza Switzerland
suizo(a) Swiss
supersticioso(a) superstitious
el sur south
el sureste southeast
surrealista surrealist
suspendido(a) suspended
el sustantivo noun

t

la talla height, size
el taller workshop
también also, too
tan, tanto(a) so
la taquigrafía shorthand
tarde late más tarde later
la tarde afternoon
una tarifa tariff, charge
una tarjeta card la tarjeta de
    crédito credit card
    la tarjeta de identidad
    identity card
taurino(a) *related to bullfighting*
una taza cup
te you, yourself ¿te gusta?
    do you like?
el té tea
el teatro theater (*building*)
técnico(a) technical
la técnica engineering, technique

un técnico, una técnica technician
un techo roof
una telecabina gondola (ski lift)
teleférico(a) cable-operated
telefónico(a) telephonic
un, una telefonista telephone operator
un teléfono telephone
una telesilla ski chair lift
un telesquí ski lift
un tema theme, subject
un templo temple
una temporada season
un tenedor fork
tener to have
    tener ... años to
    be ... old tener éxito
    to succeed tener
    hambre to be hungry
    tener lugar to take place
    tener que to have to
    tener razón to be right
tercer, tercero(a) third
terco(a) stubborn
una terminación ending
terminar to end, finish
un término term
un terremoto earthquake
el terreno terrain
un tesoro treasure
ti you
una tía aunt
el tiempo time, weather
    a tiempo on time
    de todos los tiempos
    of all time hacer buen
    tiempo to be good weather
una tienda store
la tierra earth
un tigre tiger
tímido(a) timid
un tío uncle
un tipo type
una tira strip una tira
    cómica cartoon strip
un título title, degree
tocar to touch, to play (an
    instrument)

todavía still
todo(a) all, everything
    todo el mundo everyone
todos(as) all todos los
    días every day
Tokio Tokyo
tolerar to tolerate
tomar to take, to eat, to
    drink tomar desayuno
    to eat breakfast
    tomar lugar
    to take place
un tópico topic, subject
la torción torsion, twisting
un torero bullfighter
un toril bullpen
un torneo tournament
un toro bull
una toronja grapefruit
tostado(a) toasted
total: en total in all,
    altogether
un trabajador, una trabajadora
    worker
trabajar to work
el trabajo work
una traducción translation
el tráfico traffic
un traje suit el traje de luces
    bullfighter's costume
una trama plot
transcribir to transcribe
el transporte transport
tratar to try
través: a través de across,
    over
trece thirteen
treinta thirty
el tren train
tres three
tri-dimensional three-
    dimensional
triunfar to triumph
un, una trompetista trumpet player
tu your
tú you
    tú mismo yourself

un   **tulipán**   tulip
un, una   **turista**   tourist

u

u   or
último(a)   last
un   a, an
uno(a)   one, a, an   **cada uno,**
   cada una   each one,
   every one   **uno por uno**
   one by one
undécimo(a)   eleventh
una   **universidad**   university
uruguayo(a)   Uruguayan
usar   to use
el   **uso**   use
un   **utensilio**   utensil
utilizar   to utilize
una   **uva**   grape

v

una   **vaca**   cow
una   **vacación**   vacation
la   **vainilla**   vanilla
valiente   courageous, brave
vamos   we go, let's go
   vamos a ver   let's see
vanidoso(a)   vain, conceited
una   **variación**   variation
variado(a)   varied
variar   to vary
una   **variedad**   variety
varios(as)   several, various
un   **vaso**   glass
vasto(a)   vast
veces: a veces   sometimes
un   **vecino, una vecina**   neighbor
veinticinco   twenty-five
veinticuatro   twenty-four
veintiocho   twenty-eight
una   **vela**   candle
la   **velocidad**   speed

un   **vendedor, una vendedora**
   salesperson
vender   to sell
venezolano(a)   Venezuelan
venir   to come
una   **ventana**   window
ver   to see
el   **verano**   summer
veras: de veras   really,
   truthfully
la   **verdad**   truth
verdaderamente   truly
verdadero(a)   true
verde   green
una   **vez**   once, one time
   otra vez   again
viajar   to travel
un   **viaje**   trip   **buen viaje**
   have a good trip
una   **víctima**   victim
la   **vida**   life
el   **viento**   wind
viernes   Friday
la   **vihuela**   *small guitar*
vinieron   they came
el   **vino**   wine
una   **violeta**   violet
una   **vírgen**   virgin
   la Vírgen María
   the Virgin Mary
virtuoso(a)   virtuous, skilled
la   **visibilidad**   visibility
un   **visitante**   visitor
visitar   to visit   **visitarnos**
   to visit us
la   **víspera**   day before, eve
un   **vistazo**   glance
¡viva!   hurray!
vivir   to live
un   **vivo, una viva**   living person
un   **vocabulario**   vocabulary
un   **volcán**   volcano
el   **volibol**   volleyball
volver   to return
la   **voz**   voice
un   **vuelo**   flight

y

y   and
ya   already, any more
yo   I

z

una   zanahoria   carrot
un   zapatero, una zapatera
    shoemaker
un   zapato   shoe
una   zona   zone   **una zona**
    telefónica   area code
el   zoológico   zoo

Credits